Sekundarstufe I

Dirk Schwarzenbolz

Die Bibel

111 Funfacts für den RELIGIONSUNTERRICHT 5-10

Spannende, kuriose und witzige Inhalte zu den zentralen Lehrplanthemen

Dirk Schwarzenbolz

111 Funfacts
für den Religionsunterricht 5–10

Spannende, kuriose und witzige Inhalte zu den zentralen Lehrplanthemen

Wir haben uns für die Schreibweise mit dem Sternchen entschieden, damit sich Frauen, Männer und alle Menschen, die sich anders bezeichnen, gleichermaßen angesprochen fühlen. Aus Gründen der besseren Lesbarkeit für die Schüler*innen verwenden wir in den Kopiervorlagen das generische Maskulinum. Bitte beachten Sie jedoch, dass wir in Fremdtexten anderer Rechtegeber*innen die Schreibweise der Originaltexte belassen mussten.

In diesem Werk sind nach dem MarkenG geschützte Marken und sonstige Kennzeichen für eine bessere Lesbarkeit nicht besonders kenntlich gemacht. Es kann also aus dem Fehlen eines entsprechenden Hinweises nicht geschlossen werden, dass es sich um einen freien Warennamen handelt.

1. Auflage 2023

Autor*innen: Dirk Schwarzenbolz
Covergestaltung: Daniel Fischer Grafikdesign München
Coverillustration: Carla Miller
Illustrationen: Carla Miller
Satz: fotosatz griesheim GmbH
Druck und Bindung: Druckerei Joh. Walch GmbH & Co KG, Haunstetten
ISBN 978-3-403-**08789**-2

www.auer-verlag.de

Inhaltsverzeichnis

Mensch – Klasse 5/6

Mensch – Klasse 7/8

Mensch – Klasse 9/10

Inhaltsverzeichnis

Kirche – Klasse 5/6

Kirche – Klasse 7/8

Kirche – Klasse 9/10

Inhaltsverzeichnis

Welt der Bibel – Klasse 5/6

Welt der Bibel – Klasse 7/8

Welt der Bibel – Klasse 9/10

Inhaltsverzeichnis

Jesus und Gott – Klasse 5/6

Jesus und Gott – Klasse 7/8

Jesus und Gott – Klasse 9/10

Inhaltsverzeichnis

Weltreligionen – Klasse 5/6

Weltreligionen – Klasse 7/8

Weltreligionen – Klasse 9/10

Inhaltsverzeichnis

Welt und Weltverantwortung – Klasse 5/6

Welt und Weltverantwortung – Klasse 7/8

Welt und Weltverantwortung – Klasse 9/10

Vorwort

Liebe Kolleg*innen,

Sie kennen es sicher auch: Der Religionsunterricht zieht sich in die Länge, die Schüler*innen schweifen ab und Sie fragen sich, wie Sie die Klasse neu für das Thema begeistern können. Doch mit solchen Situationen ist jetzt Schluss! Mit diesen spannenden, witzigen und lehrreichen Funfacts begeistern Sie Ihre Schüler*innen immer wieder aufs Neue für das Fach Religion! Die Karten sind ansprechend illustriert, direkt einsetzbar und behandeln lehrplanrelevante Themen der Klassen 5–10.

Darüber hinaus bieten die Karten eine Vielfalt an Einsatzszenarien, wie z. B.

* das Vorlesen als Abrundung einer gelungenen Stunde;
* das Nacherzählen, um die Schüler*innen „abzuholen" und wieder für das Thema zu motivieren;
* das Austeilen an besonders fleißige Schüler*innen am Ende einer Unterrichtseinheit;
* als Motivationsmittel beim Stundeneinstieg und
* privat als nette Anekdote für das nächste Treffen mit Freunden und zum selbst Lesen und Entdecken – denn Religion war noch nie spannender!

Und jetzt – viel Spaß für Sie und Ihre Schüler*innen mit der folgenden riesigen Sammlung an skurrilen Religionsfakten. Ich bin mir sicher, auch Sie werden überrascht sein!

Die Taufe: Gott sagt „JA!"

Was macht es für einen Sinn, ein Baby zu taufen? Mit der Taufe wird man Mitglied einer Kirche. Aber ein kleines Kind kann noch gar nicht entscheiden, ob es zur Kirche gehören will oder nicht. Was soll das also?

Anders gefragt: Wurde das Kind jemals gefragt, ob es überhaupt geboren werden möchte? Natürlich nicht. Entschieden haben das die Eltern – und vielleicht auch noch ein bisschen der liebe Gott. Genauso wie sich Eltern über ihr Kind freuen, freut sich auch Gott. Die Eltern sagen „JA!" zu ihrem Kind und sind überglücklich, es endlich in ihren Armen halten zu können.

Gott geht es ähnlich. Auch er sagt ein überzeugtes „JA!" zu diesem Kind und freut sich mit den Eltern. Dieses „JA!" von Gott wird durch die Taufe ausgedrückt – deshalb taufen die evangelische und die katholische Kirche Babys!

Witz: Keine Lust zum Aufstehen?

Ein gewöhnlicher Sonntagmorgen: Die Stimme der Mutter klingt ungeduldig: „Auf jetzt, Lukas, raus mit dir!“ Verschlafen kommt die Antwort: „Och nö, keine Lust!“

„Raus jetzt, du bist schon spät dran!“ Die Mutter steht unten an der Treppe und wartet. Lukas vergräbt seinen Kopf im Kissen und antwortet: „Ach Mann, warum muss ich immer so früh aufstehen!“

Kopfschütteln der Mutter: „Hallo, schon vergessen? Heute ist Sonntag, du musst zum Gottesdienst!“

„Och nö, ich will aber nicht!“

„Keine Diskussionen jetzt. Du gehst!“

„Ach Mama, warum denn?“

„LUKAS! WEIL DU 55 JAHRE ALT UND DER PFARRER BIST!“

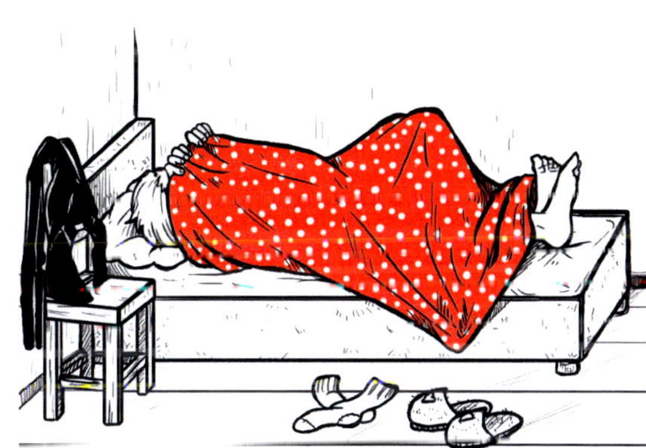

Die Goldene Regel

Regeln mögen die meisten Menschen nicht so sehr. Aber alle sehen ein, dass es Regeln geben muss, damit ein Zusammenleben gut funktionieren kann. Das gilt für die Familie genauso wie für die Schule oder den Straßenverkehr!

Manchmal hat man aber fast den Eindruck, dass es zu viele Regeln gibt. Kein Mensch kann sich alle Regeln merken. Und wie soll man sich an etwas halten, was man sich nicht merken kann?

Daher ist es gut, dass es im Christentum, aber auch in anderen Religionen und Weltanschauungen, einen ganz einfachen Grundsatz gibt, die sogenannte Goldene Regel. Wenn man sich an diese eine Regel hält, macht man eigentlich fast alles richtig. Diese Regel lautet:

„Behandle andere so, wie du von ihnen behandelt werden willst!“

Einfach genial. Und genial einfach! Oder nicht?

Samuel Koch: „Rolle vorwärts"

Es kommt nicht oft vor, dass sich ein Leben so radikal verändern muss wie das Leben von Samuel Koch. Noch seltener ist es, dass ein Mensch trotz eines solchen Schicksalsschlags noch so viel Lebensmut und Freude ausstrahlt.

17 Jahre lang war Samuel Koch Leistungsturner. Der sportliche junge Mann studierte Schauspiel und turnte in der deutschen und französischen Liga. Bis zu diesem Tag im Jahr 2010.
In der Fernsehsendung „Wetten, dass ... ?" erlitt er vor laufenden Kameras einen so schweren Unfall, dass er seither weder Arme noch Beine bewegen kann. Er sitzt im Rollstuhl und ist gelähmt.

Trotzdem hat er nach seinem Unfall erfolgreich sein Studium beendet, hält Vorträge und Lesungen. Seinen Glauben an Gott hat er trotz seines Schicksals nicht verloren. Im Gegenteil: Er macht Werbung für Gott! Er hat mehrere erfolgreiche Bücher geschrieben, zum Beispiel „Rolle vorwärts" ein ganz schön cooler Buchtitel von einem Autor, der im Rollstuhl sitzt, oder?

Die 10 Gebote: Regeln fürs Leben

Fußball, Handball oder auch Schach – jedes Spiel braucht Regeln.

Nur wenn man sich an die Regeln hält, ist das Spiel fair. Nur dann macht es Spaß, weil jeder die gleichen Rechte und die gleichen Chancen hat.

Auch das Leben braucht Regeln. Regeln, damit es gerecht und fair zugeht zwischen den Menschen. Deshalb gibt es die Gesetze. Gesetze haben wir Menschen gemacht.

Gott hat den Menschen solche Regeln gegeben.
Die bekanntesten sind die 10 Gebote!

Viele von Gottes Regeln sind den Menschen so sinnvoll erschienen, dass sie Gottes Regeln in ihre eigenen Gesetze übernommen haben.

Der Friedhof von Săpânța: Ein Friedhof zum Lachen

Auf einem Friedhof ist man selten fröhlich. Es gibt dort auch meistens nicht viele Gründe, um zu lachen. Man trauert dort. Schließlich liegen auf einem Friedhof die Verstorbenen begraben. Auch auf dem Friedhof von Săpânța, einem Dorf in Rumänien, liegen verstorbene Menschen begraben.

Aber: Săpânța hat einen fröhlichen Friedhof. Vielleicht ist dies der einzige lustige Friedhof auf der Welt! An jedem bunten Holzkreuz, das dort an Verstorbene erinnert, ist ein lustiges Gedicht über die begrabene Person angebracht. Diese Gedichte sind zum Teil ziemlich krass; es wird über selbstgebrautes Bier gedichtet und über die böse Schwiegermutter. Beim ehemaligen Totengräber steht sinngemäß das bekannte Sprichwort: „Wer andern eine Grube gräbt, fällt selbst hinein."

Erfunden hat diese Art des Gedenkens der rumänische Künstler Stan Ioan Pătraș.
Sein ehemaliger Lehrling führt diese Tradition fort und so haben die beiden einen Ort geschaffen, an dem das Lachen den Tod besiegt – zumindest ein Stück weit.

Witz: Der Mann vom Geheimdienst

Ein Mann verlässt nach einer Beerdigung den Friedhof. Der missionarische Pfarrer war lange Zeit Geistlicher beim Militär. Seinen Äußerungen merkt man das manchmal noch an. Der Pfarrer nimmt also den Mann beiseite und flüstert ihm zu: „Möchtest du nicht auch in die Armee des Herrn eintreten?“

Der Mann antwortet: „Aber ich gehöre doch schon zur Armee des Herrn!“

„Warum sehe ich dich dann nie in der Kirche, mein Sohn?“

Der Mann schaut verstohlen zur Seite und flüstert verschwörerisch: „Ich bin beim Geheimdienst …“

Beten, ja – aber wie?

Wie geht Beten eigentlich? Gibt es dafür eine Anleitung? Ein Grundrezept?

Es gibt verschiedene Möglichkeiten zu beten. Natürlich gibt es fertige Gebete, die man nachsprechen kann. Im Christentum ist das bekannteste davon das Vaterunser.

Man kann Gott aber auch ganz frei in eigenen Worten sagen, was man auf dem Herzen hat. Gott interessiert sich nicht für korrekten Stil oder eine feine Ausdrucksweise. Ihm ist es wichtiger, dass die Menschen ehrlich sind.

Martin Luther, der Reformator, hat es einmal so gesagt:
„Beten heißt: Gott den Sack vor die Füße werfen!“

Ganz egal, über was man sich Sorgen oder Gedanken macht, man kann seinen „Sack“ einfach im Gebet vor Gottes Füße werfen – ein schöner Gedanke, nicht wahr?

Jugend ohne Gott?

„Jugendliche können mit Religion nichts anfangen!“ Dieses Vorurteil hört man oft.

Dass diese Aussage falsch ist, hat eine Studie der Universität Tübingen aus dem Jahr 2018 bewiesen. Mehr als 7000 Schüler und Auszubildende zwischen 12 und 25 Jahren wurden befragt. Die Ergebnisse sind interessant!

Es bezeichnen sich zwar nur 22% der Jugendlichen als religiös, aber immerhin 41% sagen von sich, sie seien gläubig. Mit der Kirche können zwar viele Jugendliche nicht viel anfangen, aber an Gott glaubt sogar mehr als die Hälfte der Befragten, nämlich 52%!

Besonders erstaunlich für viele Erwachsene war die Tatsache, dass 75% der Jugendlichen beten!

Kann man also wirklich sagen, dass Jugendliche nichts mit Gott anfangen können?

NEIN! Vielleicht müsste man da eher sagen: Jugend MIT Gott!

Ein Mönch mit E-Gitarre

Die wenigsten Menschen kennen einen echten Mönch. Das liegt daran, dass es heute nur noch wenige Mönche und Nonnen gibt. Außerdem leben Mönche und Nonnen ja normalerweise im Kloster.

Ein ziemlich ungewöhnlicher Mönch ist der Benediktiner Notker Wolf. Er war über viele Jahre Repräsentant und Sprecher der Benediktiner. Die Benediktiner sind der älteste Orden der Christenheit, dem weltweit mehrere tausend Mönche und Nonnen angehören.

Notker Wolf hat viele Bücher geschrieben. Außerdem spielt er E-Gitarre und Querflöte in einer Rockband. Daher wurde er auch „der rockende Abt“ genannt. Es sieht auch wirklich cool aus, wenn Notker Wolf während eines Rockkonzerts auf der Bühne steht – mit roter E-Gitarre und in schwarzer Mönchskutte!

Tausend Jahre Taufe

Wenn bei Sandstedt in Niedersachen wieder einmal ein Pfarrer mit mehreren Menschen ins Wasser steigt, so ist das nichts Ungewöhnliches. Bereits vor ungefähr tausend Jahren wurden Menschen hier am Ufer des Flusses Weser getauft. Hier stand sogar einmal eine Kirche. Allerdings wurde sie durch Sturmfluten schwer beschädigt und deshalb schon 1419/1420 in die Ortsmitte von Sandstedt verlegt.

Seit dem Jahr 2000 nutzt die Kirchengemeinde den kleinen Sandstrand, an welchem ihre erste Kirche stand, als Taufplatz. Jeweils um den Tag des Johannisfestes, am 24. Juni, steigen der Pfarrer und die Täuflinge in die Fluten der Weser. Die Zeiten können allerdings variieren, weil an der Weser Ebbe und Flut herrschen und davon der genaue Taufzeitpunkt abhängig gemacht wird.

Erinnert wird dadurch auch an die Taufe von Jesus durch Johannes den Täufer – den Namensgeber der Kirchengemeinde in Sandstedt.

Gottesdienst: Mit Kreuz und Krad

„Krad“ heißt eigentlich Kraftrad. Früher nannte man Motorräder so. Die Überschrift „Mit Kreuz und Krad“ soll darauf hinweisen, dass es auch unter Motorradfahrern Menschen mit christlicher Überzeugung gibt.

In verschiedenen Gegenden werden daher sogenannte Motorradfahrer-Gottesdienste veranstaltet – Gottesdienste speziell für Motorradfahrer. Oft finden diese an ungewöhnlichen Orten oder im Freien statt. Manchmal treffen sich die Biker aber auch in einer Kirche.

Der größte und bekannteste dieser Gottesdienste ist der MoGo (Motorradgottesdienst) in Hamburg. Seit 1982 treffen sich dort jedes Jahr bis zu 30 000 Motorradfahrer zum Gottesdienst. Sie stellen sich dort unter den Segen Gottes und fahren anschließend im Konvoi durch die Hamburger Innenstadt.

Was für ein Spektakel!

„Von guten Mächten wunderbar geborgen"

Den Refrain dieses bekannten Liedes haben schon viele Menschen gehört. Vielleicht sind ihnen diese Zeilen im Rahmen einer Beerdigung begegnet, vielleicht aber auch auf einer Hochzeit, einer Taufe oder einfach so im Gottesdienst.

Gedichtet hat dieses Lied der evangelische Theologe Dietrich Bonhoeffer. Bonhoeffer war aktiv im Widerstand gegen Adolf Hitler und die Nazis. Deswegen wurde er verhaftet. Im Gefängnis – getrennt von seiner Verlobten und seiner Familie –, ständig in Angst davor, hingerichtet zu werden, hat Bonhoeffer dieses Lied gedichtet. Ein Lied, das unzählige Menschen in wichtigen Stationen ihres Lebens begleitet hat.

Wenige Tage vor Kriegsende wurde Dietrich Bonhoeffer in einem Konzentrationslager ermordet. Seine Lieder und Gedichte aber haben überlebt – und wirken auch heute noch:

„Von guten Mächten wunderbar geborgen, erwarten wir getrost, was kommen mag. Gott ist bei uns am Abend und am Morgen und ganz gewiss an jedem neuen Tag."

© Dietrich Bonhoeffer, Von guten Mächten, in seinem Brief an Maria von Wedemeyer aus dem Kellergefängnis des Reichssicherheitshauptamts in Berlin, Prinz-Albrecht-Straße, 19. Dezember 1944. Erstmals veröffentlicht 1951 in: Eberhard Bethge (Hrsg.), Dietrich Bonhoeffer. Widerstand und Ergebung. Briefe und Aufzeichnungen aus der Haft.

Das Gewissen: Unser Kompass

Ein Kompass zeigt immer nach Norden. Seine Nadel kann man nicht täuschen, sie lässt sich nicht beirren. Ein Magnet aber bringt den besten Kompass durcheinander! Hält man einen Magneten in seine Nähe, folgt die Nadel diesem Magneten und zeigt nicht mehr nach Norden.

Ganz ähnlich ist es mit unserem Gewissen! Auch unser Gewissen ist meistens zuverlässig. Es zeigt uns, ob etwas richtig oder falsch ist, gut oder böse. Unser Gewissen lässt sich kaum beirren. Es funktioniert, egal zu welcher Uhrzeit und an welchem Ort wir uns befinden.

Aber auch in unserem Leben gibt es Magnete im übertragenen Sinne. Auch diese Magnete haben die Fähigkeit, unser Gewissen durcheinanderzubringen. Wer auf seinen Kompass nicht vertrauen kann, findet kaum den richtigen Weg! Was passiert wohl mit demjenigen, der seinem Gewissen nicht mehr trauen kann?

Religionsunterricht im Grundgesetz

Deutschland ist bekannt als das Land der Regeln und Gesetze. Fast alles in Deutschland ist durch Verordnungen oder Gesetze geregelt. Umso erstaunlicher ist es, dass das deutsche Grundgesetz relativ kurz ist. Das Grundgesetz kann man sich übrigens kostenlos im Internet bestellen, unter www.bpb.de.

Im Grundgesetz stehen die grundlegenden Gesetze für ein gelingendes Zusammenleben. Artikel 1 dieses Grundgesetzes ist ziemlich bekannt.

Er heißt: DIE WÜRDE DES MENSCHEN IST UNANTASTBAR.
Kein Gesetz, das in Deutschland gelten soll, darf dem Grundgesetz widersprechen.

Es gibt auch einen Artikel im Grundgesetz über die Schule, nämlich Artikel 7. Aber von allen Fächern hat es nur ein einziges Fach in das Grundgesetz geschafft: der Religionsunterricht! Das zeigt, wie wichtig dieses Fach den Menschen war, die das Grundgesetz verfasst haben.

„Hells Angels“ und „Holy Riders“

Schwarzes Leder, schwere Motorräder und Tattoos – so stellen sich die meisten Menschen echte Biker vor. Zum Teil stimmt das auch. Das „Outlaw-Image“ ist dabei nicht immer nur gespielt. Einige dieser Motorradclubs halten sich nur an ihre eigenen Regeln – und kommen daher öfter mit dem Gesetz in Konflikt. Der weltweit bekannteste Motorradclub ist sicher der „Hells Angels MC“.

Weit weniger bekannt ist, dass es auch christliche Motorradclubs gibt! Auch die Mitglieder dieser Clubs haben schwere Motorräder. Ihr Ziel ist es, gerade die „Hells Angels“ und andere Outlaw-MCs mit der christlichen Botschaft zu erreichen.

Wie die anderen Motorradclubs geben sich auch die christlichen MCs möglichst sprechende Namen. Anstatt „Hells Angels“ heißen sie dann aber „Holy Riders“, „Biker under Gods command“ oder „Tribe of Judah“!

Der Glaube: Hilfe am Horizont

Vom Kapitän eines Segelschiffes gab es einen hilfreichen Tipp gegen Seekrankheit. Als echte „Landratte" sei man schließlich nicht daran gewöhnt, dass alles schwanke – sogar der Boden unter den Füßen. Daher gab der Kapitän den Tipp, immer auf den Horizont zu schauen, auf die Linie, an der der Himmel das Meer zu berühren scheint, weit außerhalb des Schiffes. Diese Linie sei nämlich das Einzige, was nicht schwanke.

Auch im Leben der meisten Menschen gibt es Zeiten, in denen alles zu schwanken scheint. Sei es eine schlechte Note oder die Nicht-Versetzung, der Tod eines Verwandten, eine schwere Krankheit oder das Aus einer Beziehung. Auch in solchen Zeiten kann einem nur Halt geben, was weit außerhalb des eigenen Lebens liegt. Eben deshalb, weil innerhalb des eigenen „Lebensschiffes" alles zu wanken scheint.

Eine Möglichkeit ist es, sich gerade in solchen Situationen an Gott zu wenden. Immerhin ist Gott eine unverrückbare Größe außerhalb des eigenen Lebens – und er wankt sicherlich niemals.

Just Smile! Jedes Lächeln ist ein Sieg

Lächeln, das passiert zu ganz verschiedenen Gelegenheiten. Manchmal schenkt man jemandem ein Lächeln, manchmal bekommt man selbst eines geschenkt. Manchmal lächelt man sich auch gegenseitig an.

Ein Lächeln kann überlegt sein oder einfach so passieren. Man kann über Witze lächeln oder aus purer Freundlichkeit. Man lächelt Freunden auf dem Schulhof oder beim Videoanruf zu. Lächeln kann selbstbewusst oder schüchtern sein.

Ein ernstgemeintes Lächeln ist immer etwas Freundliches!
Jedes echte Lächeln macht die Welt ein kleines bisschen heller.

Ja, jedes Lächeln ist ein kleiner Sieg. Ein Sieg über Traurigkeit und Gewalt, ein Sieg über Einsamkeit und Leid, ein Sieg über …

Also: Just smile – und die Welt wird ein kleines bisschen freundlicher!

Tod und Auferstehung: LEBEN – ENDE – LEBEN

LEBEN stand in großen Buchstaben auf dem langen, grünen Schild, ENDE auf dem grauen.

„Unser neues Thema heißt: Tod und Auferstehung!“, verkündete die Religionslehrerin und befestigte die beiden Schilder an der Tafel. Die Schüler sollten diese nun so kreativ wie möglich anordnen.

„Zuerst kommt das LEBEN, dann das ENDE“, meinte einer. Eine Mitschülerin drehte die Reihenfolge um: „Aber das Leben geht ja auch nach dem Tod weiter, zumindest für die anderen!“ Also zuerst ENDE, dann LEBEN.

Eine weitere Schülerin stand auf und befestigte zuerst das grüne LEBEN und dann genau in der Mitte das graue ENDE darüber. Vorne und hinten schaute ein kräftiger grüner Rand unter dem grauen ENDE hervor. „Es beginnt mit dem LEBEN“, sagte sie leise, „dann kommt das graue ENDE, aber danach sieht man schon wieder das neue LEBEN!“

Martin Luther King: Gewalt ist nie eine Lösung!

Einer der bekanntesten Vertreter der Gewaltlosigkeit ist wohl der amerikanische Pastor Martin Luther King. Geboren wurde er 1929 in Atlanta, Georgia. Sein Leben fand ein trauriges Ende, als er 1968 erschossen wurde.

Zu Martin Luther Kings Lebzeiten war die Rassentrennung in den USA noch weit verbreitet, vor allem in den Südstaaten, wo King lebte. Auf vollkommen gewaltfreie Art kämpfte er gegen Diskriminierung und Unterdrückung. Er hielt viele große Reden, organisierte Demos und Proteste und schaffte es, dass endlich das uneingeschränkte Wahlrecht für die schwarze Bevölkerung in den Südstaaten eingeführt wurde.

Er hatte viele Fans, aber auch viele Feinde. Trotzdem war er Zeit seines Lebens gegen Gewalt – so wie Jesus Christus. Christen sollten sich zwar nicht alles gefallen lassen, aber niemals Gewalt mit Gewalt beantworten. King sagte: „Der alte Grundsatz Auge um Auge macht schließlich alle blind."

Witz: „Na, ich etwa?“

Maria und Josef suchen in Betlehem eine Herberge.

Wirt: „Tut mir leid: Alles belegt, nichts frei!“

Josef: „Aber siehst du denn nicht, dass meine Frau schwanger ist?“

Wirt: „Ja und? Kann ich denn was dafür?“

Josef: „Na, ich etwa?“

Mutter Teresa: Reinigungskraft und Friedensnobelpreisträgerin

Eine kleine, alte Frau mit runzligem Gesicht war es, die 1985 vor der Versammlung der Vereinten Nationen eine Rede halten sollte. Dort wurde die bescheidene Nonne als „die mächtigste Frau der Welt“ bezeichnet.

Durch jahrzehntelange harte Arbeit hatte sie es geschafft, sich überall Respekt zu verschaffen. Auf der ganzen Welt kümmerte sie sich um die Armen, dafür hatte sie sogar einen eigenen Orden gegründet, den sie „Missionarinnen der Nächstenliebe“ nannte.

Für ihr unglaubliches Engagement hat sie den Friedensnobelpreis erhalten. Vor ihrer Rede bei den Vereinten Nationen übernachtete sie nicht in einem noblen Hotel, sondern in einem Haus ihres Ordens. Bevor sie aufbrach, reinigte sie dort die Toiletten ihrer Mitschwestern. Obwohl sie die „Chefin“ des Ordens war, teilte sie sich meistens selbst zu diesem Dienst ein, aus Demut. Manchmal scherzte Mutter Teresa darüber und meinte, dass sie vermutlich die beste Toilettenreinigerin der Welt sei.

Was für eine beeindruckende Frau!

Witz: Rauchen beim Beten?

Ein junger Mönch beobachtet einen älteren Bruder. Dieser sitzt auf einer Bank im Klostergarten und ist in ein Gebet vertieft. Was den Jüngeren verwundert, ist allerdings die Tabakpfeife, die dem Älteren im Mundwinkel hängt und an der er immer wieder genüsslich zieht. Als der Ältere sein Gebet beendet hat, fragt ihn der Jüngere neugierig, ob sie denn wirklich rauchen dürften. Er habe die ausdrückliche Erlaubnis des Abtes, antwortet der Ältere und klopft gemütlich seine Pfeife aus.

Am nächsten Tag kommt der Jüngere wieder zur Bank. „Ist das nicht ungerecht?", beklagt er sich. „Ich habe extra gefragt. Aber mir hat der Abt ausdrücklich verboten, beim Beten zu rauchen!"

Der Ältere lächelt: „Hmmm, also ich habe damals gefragt, ob ich beim Rauchen beten darf! Da hatte der Abt nichts dagegen …"

Die Jünger: 500 Follower?

Auf der Jagd nach Followern sind viele. Jeder möchte möglichst bekannt und berühmt sein. Schon lange träumen Kinder und Jugendliche nicht mehr von einem Beruf als Lokführer, Astronaut oder Tierarzt. Viel lieber möchten sie YouTuber oder Influencer werden.
Bei entsprechendem Erfolg ist das finanziell sehr attraktiv.

Die bedingungslose Jagd nach Followern, nach Klicks und Likes kann man aber auch kritisch sehen – was dieses Beispiel zeigt:

„Warum brauchst du eigentlich mindestens 500 Follower? Jesus hatte nur 12 Jünger – und schon da war ein 31er* dabei!“

** „31er“ steht für Verräter. Paragraf 31 aus dem Strafgesetzbuch ermöglicht eine Strafmilderung gegen Informationsweitergabe. Manchmal wird dieser Paragraf auch „Judas-Paragraf“ genannt, nach dem Namen des Jüngers, der Jesus verraten hat.*

Untergrund-Kirchen im Outback

Einige der ungewöhnlichsten Kirchen der Welt befinden sich in Australien. Man muss allerdings schon ganz genau hinschauen, um sie zu entdecken. Denn diese Kirchen liegen unter der Erde!

Menschen aus Australien und vielen anderen Ländern suchen seit mehr als einhundert Jahren in dieser Gegend nach wertvollen Edelsteinen. Da es in der Wüste sehr heiß ist, kamen die Leute auf die Idee, ihre Häuser in den Boden zu verlegen. Dort sind die Temperaturen angenehmer und man ist auch vor Sandstürmen geschützt. So enstanden dort unterirdische Häuser, aber auch Galerien, Shops, Museen – und Kirchen. Der Ort heißt Coober Pedy – in der Sprache der lokalen Aborigines heißt das in etwa „Loch des weißen Mannes“.

Das Ulmer Münster: Hoch, höher, am höchsten

161,5 Meter! In Ulm kennen die meisten Einwohner vermutlich diese Zahl. So hoch ist nämlich der Turm des Ulmer Münsters. Diese Zahl macht ihn zum höchsten Kirchturm der Welt!

51 500 Tonnen! So schwer ist der große Turm des Ulmer Münsters! Im Vergleich dazu: Ein Auto wiegt gerade mal 1,4 Tonnen!

22 000! So viele Stehplätze gab es während des Mittelalters im Ulmer Münster, obwohl die Stadt Ulm damals nur 10 000 Einwohner hatte.

Heute bietet das Münster auf den normalen Kirchenbänken Sitzplätze für 2 000 Besucher – mit erweiterter Bestuhlung sogar für 4 500!

Was für eine beeindruckende Kirche!

Die Sagrada Familia: Eine krasse Kirche

Im nordspanischen Barcelona entsteht die vielleicht krasseste Kirche der Welt, die „Sagrada Familia“. Weit mehr als 100 Jahre, nämlich seit 1862, wird schon daran gebaut – und wann diese Kirche fertig sein wird, weiß man noch gar nicht! „Sagrada Familia“ heißt übrigens „Heilige Familie“.

Geplant hat diese Kirche Antoni Gaudí, ein berühmter spanischer Architekt, der bereits vor mehr als 100 Jahren verstorben ist. Die Sagrada Familia steht auf einem fast 13 000 Quadratmeter großen Grundstück, die Baustelle insgesamt hat sogar mehr als 17 000 Quadratmeter Fläche.

Nach der Fertigstellung soll die Sagrada Familia 18 Türme haben. Der größte von ihnen soll zwar der höchste Kirchturm der Welt werden, aber dennoch niedriger sein als die Hügel um Barcelona. Gottes Werk (die Hügel) sollte immer größer bleiben als die von Menschen erbaute Kirche.

Geheimkirche in Amsterdam

Eine Kirche übersieht man normalerweise nicht, denn eine Kirche darf ja gerne auffallen.

Das war im 17. Jahrhundert in Holland anders: Katholiken durften ihren Glauben dort zwar leben, aber nicht offen zeigen. Also konnten sie auch keine normalen Kirchen bauen. Daher kaufte ein reicher, katholischer Kaufmann in Amsterdam die beiden Häuser direkt neben seinem eigenen.

Dann ließ Jan Hartmann, so hieß der Kaufmann, die oberen Stockwerke der drei Häuser miteinander verbinden und dort eine prächtige Kirche einrichten. Es gab einen reich verzierten Altar, eine Empore, Kirchenbänke und sogar einen Beichtstuhl.

Von außen ahnte man nicht, was sich in diesen drei Häusern verbarg.

Heute ist diese Kirche ein Museum. Einen passenden Namen erhielt die Kirche damals auch.
Auf Deutsch übersetzt hieß sie: „Unser lieber Herr auf dem Dachboden“.

Was macht eigentlich der Hahn auf der Kirche?

Warum ist eigentlich auf manchen Kirchen ein Hahn?

Das hat mit einer Geschichte aus der Bibel zu tun: Kurz vor seiner Verhaftung hatte Jesus seinen Jüngern gesagt, dass er bald festgenommen werden würde. Sein Jünger Petrus meinte daraufhin, dass er immer zu ihm stehen würde. Aber Jesus antwortete, dass Petrus ihn dreimal verleugnen würde, noch bevor der Hahn kräht.

Petrus glaubte das nicht. Doch Jesus behielt recht – Petrus verleugnete ihn tatsächlich. Als er den Hahn krähen hörte, fielen ihm Jesus Worte wieder ein und es tat ihm furchtbar leid. Jesus hat Petrus vergeben. An diese Geschichte soll der Hahn erinnern.

Wenn der Hahn drehbar angebracht ist, zeigt er außerdem die Windrichtung an – dann wird er auch als Wetterhahn bezeichnet.

Der größte Posaunenchor der Welt

Musik gehört zu jedem Gottesdienst. Deshalb gibt es in vielen Kirchen eine Orgel. Manchmal spielt aber auch ein Posaunenchor. Vor allem in der evangelischen Kirche haben diese Posaunenchöre eine lange Tradition. Es gibt sie in vielen Gemeinden und immer wieder kann man sie spielen hören – nicht nur in den Gottesdiensten.

Alle zwei Jahre veranstaltet das Evangelische Jugendwerk in Württemberg den Landesposaunentag in Ulm. Höhepunkt dabei ist die Schlusskundgebung auf dem Münsterplatz. Unter dem höchsten Kirchturm der Welt versammelt sich der – vielleicht – größte Posaunenchor der Welt! Rund 8 000 Posaunenbläser und -bläserinnen spielen dann gemeinsam.
Wenn sie dann aufgefordert werden, alle gleichzeitig ihre Instrumente in die Höhe zu halten, dann erstreckt sich über den ganzen Münsterplatz ein Meer aus glitzernden Trompeten, Hörnern und Posaunen.

Ganz schön fett – der Anblick und die Musik!

St. Michaelis: Der „Michel" in Hamburg

Wie lang ist der große Zeiger einer normalen Armbanduhr?

Nicht besonders lang, eine Uhr soll man ja schließlich problemlos überall hin mitnehmen können. Ganz anders ist das mit dem Zeiger der größten Turmuhr Deutschlands. Der große Zeiger dort ist stattliche fünf Meter lang, die ganze Uhr ist acht Meter hoch. Diese Uhr hängt am Turm der Kirche St. Michaelis in Hamburg.

Diese Kirche ist eines der bekanntesten Wahrzeichen Hamburgs. Im Kirchenraum finden 2500 Menschen Platz und es gibt nicht nur eine Orgel dort, sondern fünf!

Von der Aussichtsplattform auf dem 132 Meter hohen Turm hat man eine tolle Aussicht auf Hamburg und den Hafen. Seit 400 Jahren begrüßt der „Michel", wie die Hamburger liebevoll die Kirche und ihren Turm nennen, die heimkehrenden Seefahrer.

Kirchenburgen in Rumänien

Dicke Mauern mit Schießscharten, gut gesicherte Tore und Türme. Von außen sehen viele Kirchen in Siebenbürgen wie Ritterburgen aus. Aber warum?

Siebenbürgen liegt in Rumänien. Früher lebten dort viele deutschstämmige Menschen. Sie hatten nicht nur ihre Sprache und ihre Traditionen mit nach Rumänien gebracht, sondern auch ihre Religion. Daher bauten sie in den Dörfern und Städten christliche Kirchen. Siebenbürgen lag damals allerdings im Grenzgebiet. Immer wieder kam es zu Kämpfen. Aus diesem Grund bauten die Menschen ihre Kirchen zu sogenannten Kirchenburgen aus, mit stabilen Mauern, Burggraben, Vorratsräumen und Türmen. Wenn Feinde kamen, flohen die Menschen in diese Kirchenburgen. Aus diesem Grund nennt man sie auch Fliehburgen.

Mehr als 160 solcher Kirchenburgen gibt es heute noch in Siebenbürgen. Besonders gut erhalten ist eine solche Kirchenburg im kleinen Dorf Viscri (Deutsch-Weißkirch). Das Dorf und die Kirche gehören sogar zum UNESCO-Weltkulturerbe.

Witz: Tauben in der Kirche

Zwei erfahrene Pfarrer unterhalten sich. Der eine klagt: „Seit Kurzem habe ich ein echtes Problem mit den Tauben. Sie kommen immer in die Kirche. Dort machen sie dann einen Haufen Dreck und ich weiß nicht, wie ich sie wieder loswerden kann."

Der andere nickt verständnisvoll: „Das Problem hatte ich auch mal."

„Und – was hast du dagegen gemacht?"

„Zunächst habe ich die lieben Tierchen getauft. Die evangelischen habe ich dann konfirmiert, die katholischen hat mein katholischer Kollege gefirmt. Und seitdem haben sich die Tauben nie wieder in meiner Kirche blicken lassen!"

Klöster und ihre Bedeutung

Heute gibt es nur noch wenige aktive Klöster. Aktiv bedeutet, dass dort Mönche oder Nonnen leben und ihren Glauben praktizieren.

Im Mittelalter war das ganz anders. Die Mönche und Nonnen in den vielen Klöstern leisteten einen wichtigen Beitrag zur Entwicklung der Gesellschaft, obwohl die Religion natürlich die Hauptrolle spielte.

Oftmals waren Klöster die einzigen Orte, in denen gelesen und geschrieben wurde.
Wertvolle Bücher – und damit wertvolles Wissen – wurden in den Klosterbibliotheken aufbewahrt und weitergegeben. Es gab Klosterschulen, in denen Lesen und Schreiben gelehrt wurde, außerdem wurden dort auch Kunstgegenstände hergestellt.

Klöster waren Stützpunkte des Glaubens und der Mission. Viele Klöster hatten außerdem Ländereien und waren wichtige Zentren der Landwirtschaft, in denen auch neue Entdeckungen und Erfindungen gemacht wurden.

Berg Athos: Männer unter sich!

In Griechenland gibt es eine Halbinsel, die es wirklich in sich hat: Sie gehört zwar zum griechischen Staat, ist aber gleichzeitig eine autonome Republik – eine Mönchsrepublik.

Es gibt dort 20 Großklöster, die zum Weltkulturerbe zählen, und zahlreiche kleinere Klöster und andere Siedlungen. Über viele Jahre wurden es immer weniger Einwohner, die dort lebten. In letzter Zeit aber werden es langsam wieder mehr Mönche – Mönche, nicht Nonnen!

Es gibt nämlich in der ganzen Mönchsrepublik keine einzige Frau. Frauen dürfen diese nicht betreten. Ausflugsschiffe mit Frauen an Bord müssen 500 Meter Abstand zum Ufer halten. Die Mönche bezeichnen ihre Republik auch als „Garten der Gottesmutter“, in dem keine anderen Frauen geduldet würden.

Besonders spannend ist, dass es nicht einmal weibliche Haustiere dort geben darf.

Die Flussschifferkirche

„Wenn die Menschen nicht zur Kirche kommen können, muss die Kirche zu den Menschen gehen." – Aus diesem Grund gibt es die Flussschifferkirche in Hamburg.

Flussschiffer sind mit ihren Schiffen auf der Elbe und anderen großen Flüssen unterwegs. Sie transportieren verschiedene Materialien auf dem Wasser und können daher nur schwer einen normalen Gottesdienst besuchen.

Die Flussschifferkirche ist eine Kirche auf dem Wasser. Schon im Jahr 1952 wurde das Schiff zu einer Kirche umgebaut. Es gibt einen Altar, eine Kanzel, ein Taufbecken und sogar einen Glockenturm. Bis zu 130 Menschen haben darin Platz.

Um die Flussschiffer auch auf ihren eigenen Schiffen besuchen zu können, gibt es zusätzlich ein kleineres Boot, die Barkasse „Johann Hinrich Wichern". Etwa 20 Schiffe, die im Hamburger Hafen liegen, werden pro Tour besucht. Die ehrenamtlichen Helfer bringen bei diesen Besuchen auch kleine Geschenke wie Äpfel oder Schokolade mit.

Abbazia San Galgano: Gras in einer Kirche?

Es gibt tatsächlich eine Kirche, in der Gras wächst. Es ist zwar keine aktive Kirche mehr, aber ziemlich beeindruckend ist sie immer noch.

Es handelt sich um das ehemalige Kloster Abbazia San Galgano in der Toskana. Das Kloster mit der großen Kirche ist heute eine Ruine. Der Glockenturm ist schon lange eingestürzt, es gibt kein Dach mehr und auf dem Boden wächst tatsächlich Gras. Auch Bänke oder Fensterscheiben sucht man vergeblich. Übrig geblieben sind nur noch die gewaltigen Mauern.

Obwohl diese große Anlage heute eine Ruine ist, zählt sie zu den bekanntesten Sehenswürdigkeiten der Toskana. Es ist beeindruckend, zwischen den dicken Mauern im ehemaligen Kirchenschiff zu stehen, über sich der blaue Himmel und unter sich Kieselsteine und grünes Gras.

Schule im Kloster

In einem Kloster leben Mönche. Zumindest war das früher so. Ist das immer noch so? Und gilt das überall?

In Baden-Württemberg gibt es zwei Klöster, in denen schon lange keine Mönche mehr leben – dafür aber zahlreiche Schüler. Es handelt sich um die beiden evangelischen Seminare Maulbronn und Blaubeuren. Beides sind ehemalige Klöster, in welchen seit 1556 Schulen untergebracht sind. Besonders begabte Jungen und Mädchen leben in den dortigen Internaten und besuchen die altsprachlichen Gymnasien, in denen neben den Sprachen auch die Fächer Musik und Religion eine große Bedeutung haben.

Man muss eine anspruchsvolle Prüfung bestehen, um ins Seminar aufgenommen zu werden. Hat man dies geschafft, kann man ein Voll- oder ein Teilstipendium bekommen. Das bedeutet, dass die Eltern einen großen Teil der monatlichen Kosten erstattet bekommen. Damit soll erreicht werden, dass nicht nur diejenigen gute Bildung bekommen, die reiche Eltern haben.

Der Papst: Ein Erfolgsmodell!

Die katholische Kirche in Deutschland hat viele Probleme. Zahlreiche Menschen treten jährlich aus den unterschiedlichsten Gründen aus der Kirche aus.

Trotzdem ist die katholische Kirche immer noch die größte religiöse Einrichtung auf der Welt. Circa 1,4 Milliarden Menschen gehören zur katholischen Kirche.

Der Papst ist das religiöse Oberhaupt dieser vielen Menschen, der sogenannte „Stellvertreter Jesu Christi". Nach der Lehre der katholischen Kirche ist der Papst der Nachfolger des Apostels Petrus, den Jesus selbst als seinen Stellvertreter eingesetzt hat.

Im Laufe der Geschichte hat sich gezeigt, dass dieses Papsttum ein Erfolgsmodell war, zumindest bisher. Immerhin gibt es das Amt des Papstes schon seit ungefähr 1600 Jahren. Kaum eine andere Institution auf der Welt hat eine so lange Geschichte. Allerdings darf man gespannt sein, wie diese Geschichte weitergeht …

Religion – (k)ein Fach wie jedes andere?

Warum müssen Schüler eine Gedichtanalyse schreiben können? Was haben sie davon, wenn sie eine Bruchgleichung lösen können?

Wer ist verantwortlich für alles, was Schüler lernen müssen? Die Lehrer?

Aber wer schreibt den Bildungsplan für die Lehrer? Natürlich der Staat. Für alle Fächer!

Wirklich alle? Nein, eines bildet eine Ausnahme – der Religionsunterricht.

Der Staat hat keine Religion. Deswegen sind im Fach Religion die Religionsgemeinschaften zuständig. Sie entscheiden, was unterrichtet wird. Evangelische und katholische Religionslehrkräfte brauchen daher auch eine Erlaubnis ihrer Kirche, dass sie Religion unterrichten dürfen. Sie sind also doppelt geprüft – vom Staat und von der Kirche.

So etwas gibt es in keinem anderen Fach.

Die Kirche als Arbeitgeber

Der größte Arbeitgeber in Deutschland ist der öffentliche Dienst. Danach kommen gleich die Kirchen.

Die evangelische und die katholische Kirche haben – gemeinsam mit ihren Organisationen Diakonie und Caritas – etwa 1,3 Millionen Beschäftigte.

Für diese kirchlich Beschäftigten gilt kirchliches Arbeitsrecht. Das bedeutet, dass sie sich an die Grundsätze ihrer Glaubensgemeinschaften halten sollten.

Im Extremfall kann es sogar dazu kommen, dass einzelnen Mitarbeitern gekündigt wird, wenn sie sich nicht entsprechend dieser Grundsätze verhalten.

So erging es beispielsweise dem Chefarzt einer katholischen Klinik. Als dieser sich von seiner Frau scheiden ließ und später eine neue Partnerin heiratete, bekam er seine Kündigung.

Was passiert mit der Kirchensteuer?

Die Kirchensteuer ist eine Abgabe, welche die Mitglieder einer Kirche bezahlen. In Deutschland ziehen die Finanzämter die Kirchensteuer ein und geben sie an die Kirchen weiter. Dafür erhalten sie einen geringen Prozentsatz der eingezogenen Steuer.

Die Kirchen geben den größten Teil der Kirchensteuer für die einzelnen Gemeinden aus:
für Gottesdienste, Seelsorge und sonstige Arbeit.

Außerdem werden kirchliche Kindergärten und Bildungseinrichtungen finanziert, auch die Hilfsorganisationen der Kirchen, die Diakonie und die Caritas, erhalten Geld, ebenso die Verwaltung.

Von der Kirchensteuer profitieren also nicht nur die Kirchen selbst, sondern auch viele andere Menschen.

Die Frauenkirche in Dresden: Auferstanden aus Ruinen

Mehr als 200 Jahre lang prägte die Silhouette der Frauenkirche das Stadtbild von Dresden. Doch gegen Ende des 2. Weltkriegs wurde Dresden durch Bombenangriffe nahezu komplett zerstört. Am Neumarkt stand nach den verheerenden Angriffen und den sich rasch ausbreitenden Feuersbrünsten kein einziges Haus mehr. Nur die 91 Meter hohe Kuppel der Frauenkirche ragte aus dem Trümmerfeld.

Am 15. Februar 1945, dem Tag nach den verheerenden Angriffen, konnte man laut einer Augenzeugin zuerst ein ganz leises Knistern hören. Dann neigte sich die Kuppel der Kirche auf eine Seite, bevor das gewaltige Bauwerk schließlich in sich zusammenfiel. Es war durch Brand und Hitze zu schwer beschädigt worden.

Der riesige Trümmerberg blieb fast 50 Jahre lang als Mahnmal gegen den Krieg liegen. Erst 1991 wurde der Wiederaufbau beschlossen. Seit 2005 erstrahlt sie in neuem, altem Glanz, die Frauenkirche in Dresden.

Christuskirche in Metzingen: Klettern und beten!

In den Räumlichkeiten der evangelisch-methodistischen Kirche in Metzingen ist nun seit bald zehn Jahren eine Kletteranlage zu finden. H3 nennt sich das Projekt, was für „hochklettern, herunterkommen und Halt finden" steht.

Auf die Nachfrage, seit wann das Gebäude nicht mehr als Kirche genutzt werde, meinte der dort zuständige Pastor, dass das Gebäude immer noch eine Kirche sei und auch genau so genutzt werde. Kirchengebäude seien dafür da, dass Menschen einander und Gott begegnen und dadurch in ihrem Leben Halt finden. Das würde im H3 häufig passieren.

Im H3 in Metzingen findet man viele Menschen, die von klassischer Gemeindearbeit wenig angesprochen werden. Glaube und Leben, Alltag und Spiritualität sollen erfahrbar sein. Kirche kann dort geschehen, wo Christen unterwegs sind – unabhängig vom Gebäude.

Taxi oder Navi – katholisch oder evangelisch?

Die katholische und die evangelische Kirche haben viele Gemeinsamkeiten. Es gibt aber auch Unterschiede. Dazu gibt es hier ein kleines Beispiel:

Die katholische Kirche kann mit einem Taxi verglichen werden. Die Gläubigen steigen in das Taxi ein und das Taxi bringt sie zu Gott. Die Geistlichen, zum Beispiel die Priester und Bischöfe, sind wie Taxifahrer, die dieses Kirchen-Taxi mit den Fahrgästen in die richtige Richtung steuern.

Die evangelische Kirche kann eher mit einem Navigationsgerät verglichen werden. Die Gläubigen steuern ihr Fahrzeug selbst. Sie sind allein dafür verantwortlich, den richtigen Weg zu finden, der sie ebenfalls zu Gott bringt. Die Kirche funktioniert wie ein Navi. Sie möchte die Richtung zeigen, Tipps geben und vor eventuellen Gefahren warnen. Die Geistlichen sind wie Beifahrer, die das Navigationsgerät richtig programmieren.

Bibelausgaben

Kicker-Bibel? Was soll das denn sein? Eine Bibel für Fußballspieler?

Das gibt es wirklich! Es gibt auch eine Biker-Bibel für Motorradfahrer oder eine Street-Bibel für junge Leute. Man kann sich die Bibel zum Beispiel auch als Magazin bestellen oder als Comic.

Manche dieser Bibeln enthalten nur das Neue Testament, andere bestehen aus der ganzen Bibel. Der eigentliche Bibeltext bei all diesen verschiedenen Bibelausgaben kann der gleiche sein. Aber alle diese Bibeln sind für verschiedene Leser gemacht.

Deswegen ist auf dem Cover der Kicker-Bibel eine Fußballszene – vor und hinter dem eigentlichen Bibeltext gibt es eine ganze Sammlung von Geschichten über berühmte Fußballspieler und Trainer. Die Spieler und Trainer erzählen dort, was sie mit der Bibel schon erlebt haben und warum sie an Gott glauben.

Bei den anderen Bibelausgaben ist das ganz ähnlich!

Bibelübersetzung: Sprachen der Welt

Es gibt viel mehr Sprachen als Länder. In manchen Ländern werden verschiedene Sprachen gesprochen.

Man zählt heute zwischen 6 500 und 7 000 verschiedene Sprachen auf der Welt. Ohne Dialekte!

Ganz schön viel Arbeit für Leute, die eine Sprache in die andere übersetzen können.

Die komplette Bibel wurde schon in mehr als 700 Sprachen übersetzt. Einzelne Bücher der Bibel kann man heute in ungefähr 3 500 verschiedenen Sprachen lesen.

Kein anderes Buch wurde öfter übersetzt.

Die kleinste Bibel

Es gibt kleine und große Bibeln.

Die kleinste Bibel der Welt ist gerade mal vier Millimeter lang und vier Millimeter breit! Sie besteht aus einem sogenannten Nano-Chip, der mit Elektronenstrahlen beschrieben wurde. Die kleinste Bibel der Welt hat 956 Seiten. Sie enthält das Alte und das Neue Testament.

Aber lesen kann sie natürlich niemand!

Man kann sie aber kaufen, zum Beispiel eingearbeitet in einen Kreuz-Anhänger als Schmuck. Ganz billig ist sie aber nicht. Ein solcher Anhänger aus Titan kostet mehr als 200 Euro.

Die teuerste Bibel Deutschlands

Ungefähr 30 Jahre dauert es von einer Generation bis zur nächsten. Mehr als 18 Generationen alt war also eine Bibel, die 2019 in Hamburg versteigert wurde.

Gedruckt wurde diese Bibel von zwei Schülern von Johannes Gutenberg, der den modernen Buchdruck erfunden hat. Im Jahr 1462 hatten die beiden Schüler von Gutenberg diese Bibel gedruckt, die besonders gut erhalten ist.

Über eine Million Euro musste der Käufer bezahlen, um diese Bibel zu kaufen. Damit ist diese Bibel die teuerste, die jemals in Deutschland verkauft wurde.

Das teuerste Buch überhaupt ist ein Tagebuch, und zwar das Tagebuch von Leonardo da Vinci, ein berühmter Gelehrter aus dem Mittelalter. Dieses Tagebuch wurde 1994 für über 30 Millionen Dollar verkauft!

Die Bibel: Eine Schatzkiste

Die Bibel kann man mit einer Schatzkiste vergleichen. Sie haben viel gemeinsam.

Eine Schatzkiste ist meistens ziemlich alt! Die Bibel ebenfalls!

Jede Schatzkiste ist ein bisschen geheimnisvoll und rätselhaft. Meistens weiß man nicht ganz genau, wo sie herkommt und wer die Schätze hineingelegt hat! Mit der Bibel ist es ganz ähnlich!

Im Inneren einer Schatzkiste sind wertvolle Dinge. Allerdings muss man erst die Schatzkiste aufbekommen, um an den wertvollen Inhalt zu gelangen. Bei der Bibel ist das genauso: Auch ihre wertvollen Inhalte müssen zuerst entschlüsselt werden.

Eine Schatzkarte kann dabei helfen, den Weg zur Schatzkiste zu finden! Auch um die Schätze der Bibel zu entdecken, gibt es verschiedene Hilfsmittel – zum Beispiel ein Bibellexikon, Bibel-Kommentare oder andere Erklärungshilfen.

Zitate von Kindern über die Bibel

Für ein Buchprojekt wurden Schüler und Schülerinnen einer 5. Klasse nach ihrer Meinung über die Bibel gefragt. Ihre Antworten sind zum Teil einfach herrlich unkompliziert. So unkompliziert, dass sich auch viele Erwachsene daran orientieren könnten. Beispiele gefällig?

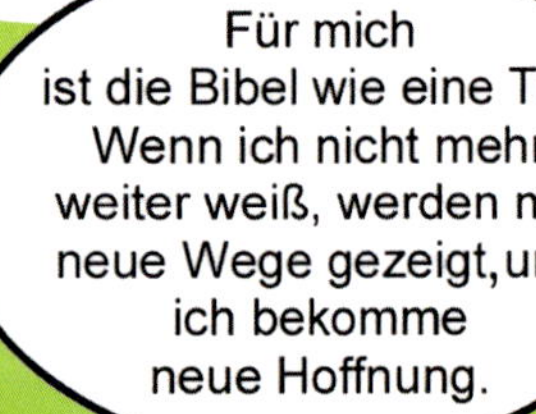

Buchdruck: Eine geniale Erfindung

Was wäre, wenn man nicht lesen könnte? Was hätte das für Auswirkungen? Man könnte nie etwas nachlesen. Man müsste alles Wissen auswendig im Kopf haben.

Was wäre aber, wenn es überhaupt nichts zu lesen geben würde? Wenn es keine Bücher, keine Zeitungen, kein Internet gäbe?

Die ganze Menschheit müsste ihr ganzes Wissen im Kopf haben. Oder alles mit der Hand aufschreiben!

Unvorstellbar, oder?

Deswegen war es so unglaublich wichtig, dass um das Jahr 1440 n. Chr. Johannes Gutenberg eine Methode erfand, wie man Bücher drucken konnte.

Und welches Buch war es wohl, das als erstes gedruckt wurde?

Die Bibel!

Verschiedene Bibelübersetzungen

Hebräisch und Griechisch waren die Sprachen, in denen die ersten Texte der Bibel geschrieben wurden. Die deutschen Bibeln sind Übersetzungen.

Von diesen Übersetzungen gibt es viele verschiedene:

Die Luther-Bibel ist zum Beispiel eine eher traditionelle Übersetzung, ebenso die Einheitsübersetzung. Man kann aber auch Bibeln in besonders leicht verständlicher Sprache kaufen (die Basis-Bibel). Es gibt Bibeln in modernem Deutsch (zum Beispiel die Gute Nachricht Bibel) und solche, die möglichst genau den Wortlaut im Urtext wiedergeben möchten (zum Beispiel die Elberfelder Bibel).

Es gibt sogar eine Bibel, die aussieht wie eine Zeitschrift (Bibel-Magazin), und auch eine Comic-Bibel kann man kaufen.

Natürlich gibt es auch im Internet viel über die Bibel zu finden. Man kann dort die ganze Bibel lesen – und man kann sich aussuchen, in welcher Übersetzung.

Weltbestseller

Welches Buch ist es wohl, das weltweit am öftesten verkauft wurde? Der All-Time-Bestseller, sozusagen? Harry Potter oder Moby Dick? Vielleicht auch eher ein älteres Werk eines bekannten Dichters wie Schiller oder Goethe?

Die Antwort auf diese Frage ist leicht, denn es gibt ein Buch, welches alle anderen Verkaufszahlen in den Schatten stellt!

Die Bibel! Von der Bibel wurden nämlich im Laufe der Zeit circa fünf Milliarden Exemplare verkauft – damit liegt das heilige Buch der Christen ziemlich uneinholbar vorn auf den Bestsellerlisten.

Die Gideons: Bibel-Verschenker

Gideon war ein Mann aus dem Volk Israel. Die Bibel berichtet, wie er durch Gottes Hilfe mit ganz wenigen Soldaten sein Volk retten konnte. Seither steht der Name Gideon dafür, dass man auch mit wenig viel erreichen kann.

Nach diesem Mann haben sich „die Gideons" benannt. Ziel dieser Organisation ist es, möglichst viele Menschen mit dem Wort Gottes zu erreichen. Daher verschenken sie Bibeln! Meistens handelt es sich um eine Ausgabe des Neuen Testaments, mit Psalmen und Sprüchen. Diese legen die Gideons in Hotels und Wartezimmern aus, in Krankenhäusern und Gefängnissen.

Sie geben ihre frohe Botschaft weiter an Schüler und Soldaten, an Studenten, an Pflegepersonal – und an viele weitere Menschen.

Auf diese Weise haben sie weltweit bereits mehr als zwei Milliarden Bibeln verteilt.

Sprichwörter aus der Bibel

„Wer andern eine Grube gräbt, fällt selbst hinein!" Diesen Spruch kennt fast jeder.

Vermutlich wissen auch die meisten Menschen, was „im Dunkeln tappen" bedeutet oder was mit „etwas ausposaunen" gemeint ist. Wenn zwei Menschen „ein Herz und eine Seele sind", weiß man, was dies ausdrücken soll. Vom „Wolf im Schafspelz" haben die meisten auch schon mal gehört und man kann sich auch vorstellen, was „Gift und Galle" ausdrücken soll. Auch den Ausdruck „seine Hände in Unschuld waschen" kennt man und wenn irgendwo ein richtiges „Tohuwabohu" herrscht, stellt man sich automatisch ein ziemliches Chaos vor.

Wer diese ganzen Ausdrücke und Redewendungen erfunden hat?

Ganz einfach: Sie stehen alle in der Bibel – und noch viele mehr!

Bertolt Brecht: „Sie werden lachen – die Bibel!"

Bertolt Brecht war ein bekannter deutscher Schriftsteller und Gelehrter. Weltweit wurden und werden seine Werke aufgeführt.

Bertolt Brecht war außerdem Sozialist. In seinen Werken beschäftigte er sich immer wieder auch mit Gott und der Kirche. Beide kritisierte er scharf. Von der Bibel aber war er so überzeugt, dass er sie als sein Lieblingsbuch bezeichnete. Auf die Frage, welches Buch er als einziges auf eine einsame Insel mitnehmen würde, soll Brecht tatsächlich geantwortet haben: „Sie werden lachen – die Bibel!"

Martin Luther: Der Übersetzungs-Crack

Übersetzungen sind meist sehr kompliziert. Man muss sich genau konzentrieren, darf kein Wort vergessen, aber möglichst auch keines zu viel verwenden. Wenn man alles beachtet, dann dauert es meistens ziemlich lange, bis man einen Text von der einen in die andere Sprache übertragen hat.

Martin Luther, auf den die evangelische Kirche zurückgeht, hat das komplette Neue Testament als erster ins Deutsche übersetzt.

Das sind immerhin 27 einzelne Bücher. Der Text war auch nicht gerade einfach und trotzdem hat Luther die erste, komplette Übersetzung ins Deutsche geschrieben. Und er hat dafür gerade mal sechs Wochen gebraucht! Ein schlauer Mann muss er gewesen sein, dieser Martin Luther!

Volxbibel: Ganz schön frech!

Die Volxbibel ist ziemlich umstritten. Ja genau, die Volxbibel wird mit „X“ geschrieben! Das ist eine freche Übersetzung der Bibel in heutiger Jugendsprache. Martin Dreyer hatte die Idee zu dieser Bibel und hat die alten Texte in freches, modernes Deutsch übersetzt. Martin Dreyer hat auch die sogenannten Jesus Freaks gegründet, eine sehr moderne, christliche Gemeinschaft.

In der Volxbibel kommen zum Beispiel Begriffe wie „coole Supergläubige“ oder „Oberpseudos“ vor. Statt einem Schaf verschwindet zum Beispiel eine Katze und Jesus redet anstatt vom Reich Gottes von „Gottes letzter Superparty“!

Deshalb gefällt diese Bibelübersetzung nicht allen Menschen.

Einige finden es gut, dass es eine so moderne Bibel gibt. Andere denken, dass solche Ausdrücke nicht zum Inhalt der heiligen Bibel passen.

Die Schriftrollen des Toten Meers: Stimmt die Bibel überhaupt?

Lange Zeit war umstritten, ob die Texte der Bibel noch mit ihren ehemaligen Vorlagen übereinstimmen. Über viele Jahrhunderte musste man alles von Hand abschreiben. Der Verdacht lag nahe, dass die Texte über diese lange Zeit verändert wurden.

Als ein Hirtenjunge 1947 nahe der Ortschaft Qumran nach entlaufenen Ziegen suchte, fand er in einer Höhle uralte Schriftstücke. Wissenschaftler stellten fest, dass sie aus der Entstehungszeit von Teilen der Bibel stammten. Das trockene Klima und die Aufbewahrung in Tonkrügen hatten sie vor dem Vermodern bewahrt.

Es wurden viele biblische Texte gefunden und als man diese mit der heutigen Bibel verglich, stellte sich heraus, dass sich kaum Fehler eingeschlichen haben – die heutige Bibel stimmt also wirklich mit dem Original überein!

Darf man zu Gott „Papa“ sagen?

„Papa“ ist ein besonders lieb gemeinter Begriff für Vater. Wer seinen Vater Papa nennt, hat meist ein gutes und liebevolles Verhältnis zu ihm. Das ist sehr schön.

Beinahe noch schöner ist es, dass man auch zu Gott „Papa“ sagen darf. Jesus selbst hat das vorgemacht. Er hat Gott beim Beten mit „Abba“ angesprochen, was übersetzt „lieber Vater“ heißt – oder eben „Papa“.

Die Menschen vor Jesus haben Gott zwar auch manchmal als Vater bezeichnet, aber normalerweise nicht als Papa. Das hat erst Jesus angefangen. Er hat auch seine Jünger und alle Christen mit hineingenommen in diese liebevolle Gemeinschaft mit Gott.

Gott als der Papa aller Menschen. Damit wird Gottes Wunsch nach einer engen Beziehung zu den Menschen deutlich.

Jesus an einer Schule?

Was wäre, wenn nächste Woche JESUS CHRISTUS höchstpersönlich an einer Schule aufkreuzen würde?

Vermutlich wären alle aufgeregt: Der Rektor würde überlegen, welchen Anzug er tragen soll. Alle Klassenzimmer würden aufgeräumt. Die Schüler würden sich überlegen, ob Jesus mit der Limousine kommt oder mit dem Hubschrauber.

Vielleicht wäre es aber auch ganz anders: Jesus würde ganz unscheinbar mit dem Bus kommen – so wie die meisten Schüler. Er hätte weder Designer-Klamotten noch Leibwächter. Vielleicht würde er später beim Rektor vorbeischauen, aber zuerst würde er die Reinigungskräfte besuchen. Jesus würde es sich auch nicht nehmen lassen, bei der unbeliebtesten Klasse vorbeizuschauen – und in der großen Pause würde er sich zu den Schülern stellen, die häufig allein sind, anstatt im Rektorat gemütlich Kaffee zu trinken.

Hat Gott eigentlich einen Namen?

Der Gott des Christentums ist der gleiche Gott wie derjenige des Judentums. Dieser Gott hat einen Namen. Er wird auf Deutsch meistens mit JAHWE wiedergegeben – manchmal auch mit JHWH. Dies kommt daher, dass im Hebräischen mit den Vokalen anders umgegangen wird.

Dieser Name für Gott ist heute allerdings nicht mehr gebräuchlich. Es reicht, wenn man Gott sagt, und alle wissen, wer gemeint ist.

Das war früher aber anders. Als nämlich der Name JAHWE entstand, hatten die anderen Völker ebenfalls ihre Götter. Bei den Moabitern gab es zum Beispiel einen Gott Kemosch, bei den Ammonitern einen Milkom. Um sich von diesen anderen Göttern klar zu unterscheiden, gab man Gott damals einen Namen – nämlich JAHWE.

Als den Juden bewusster wurde, dass es nur den einen Gott gab, wurde sein Name immer weniger wichtig. Daher nannte man diesen Gott später entweder Herr oder ganz einfach Gott.

Ziemlich „fame“ – dieser Jesus!

Viele Leute haben das Ziel, berühmt zu werden. Sie wären gerne im Fernsehen und im Radio. Viele wären gerne „fame“ – ob als Topmodell oder Sänger, YouTuber, Schauspieler oder Influencer.

Einer aber toppt alle Stars und Promis: Jesus Christus!

Jeden Tag erscheinen weltweit neue Bücher über diesen Mann aus Nazareth. Über niemanden gibt es mehr Gedichte! Keine andere Person ist das Thema von mehr Liedern als dieser Mann, der vor ungefähr 2000 Jahren in Israel gelebt hat. Für niemanden wurden mehr Denkmäler errichtet und Gebäude gebaut.

Das Ganze ist noch erstaunlicher, weil Jesus weder Internet noch Fernsehen zur Verfügung hatte. Es gab noch nicht einmal Radios oder Zeitungen. Trotzdem hat er es geschafft.

Kein Bild von Gott

Wir Menschen sind meistens sehr überzeugt von unserem Wissen. Wir halten uns für die schlausten Lebewesen auf der Erde.

Trotzdem kommt unser Verstand manchmal an seine Grenzen. Zum Beispiel bei der Unendlichkeit! Wir können uns nicht vorstellen, dass etwas überhaupt keinen Anfang und auch kein Ende hat. Bei der Ewigkeit ist es genauso, nur dass hier die Unendlichkeit eben auf die Zeit bezogen ist. Etwas Ewiges war schon immer – und wird auch immer sein.

Gott aber ist ewig! Und er ist unendlich!

Vielleicht heißt es deswegen in den 10 Geboten, dass wir uns kein Bild von ihm machen sollen – weil unsere gesamte Vorstellungskraft nicht ausreicht, um auch nur ein grobes Bild von Gott zu erstellen.

Jesus: Bester Geschichtenerzähler

Manche Leute erzählen wunderschöne Geschichten: die eigene Oma, der Leiter einer Jugendgruppe oder vielleicht auch der Nachbar von gegenüber.

Der beste Geschichtenerzähler aller Zeiten aber war eindeutig Jesus. Seine Geschichten nennt man auch Gleichnisse. Sie sind schon ungefähr 2000 Jahre alt. Erzählt wurden sie in einem weit entfernten Land, in Israel.

Viele Menschen haben diese Geschichten im Laufe der Zeit gehört, darüber nachgedacht und sie diskutiert. Trotzdem haben die Gleichnisse von Jesus auch heute noch unglaublich viel zu sagen. Sie gehören zu den bekanntesten Texten der Menschheit – fast jeder hat schon vom „Barmherzigen Samariter“ oder vom „Verlorenen Sohn“ gehört. Einige der besten Geschichten der Welt stammen wohl wirklich von Jesus Christus.

Die Jesus Freaks: Verrückt für Jesus

Radikal, religiös und ganz schön frech! Die Rede ist von den sogenannten Jesus Freaks. Diese christliche Gemeinschaft hat zum Ziel, so kompromisslos wie möglich mit Jesus zu leben. Die Mitglieder sind sehr christlich, fühlen sich aber in einer normalen Kirche nicht wohl. Ihre Gottesdienste werden schon mal als „Jesus-Abhäng-Abende" bezeichnet und ursprünglich kamen viele Leute aus der alternativen und linken Szene zu den Treffen.

Gegründet wurden die Jesus Freaks von dem Pastor Martin Dreyer, der auch die Idee zur Volxbibel hatte, einer frechen Bibelübersetzung.

Die circa 2000 Mitglieder der Jesus Freaks Deutschland e. V. (JFD) wirken vielleicht manchmal recht wild oder verrückt. Sie verfolgen aber christliche Ziele und arbeiten auch mit anderen christlichen Gemeinden und den Kirchen zusammen. Die Grundsätze der Jesus Freaks sind in ihrer Charta festgelegt, die man ganz leicht im Internet findet. Dort steht zum Beispiel auch der Satz: „Wir folgen Jesus und an ihm hängt unser ganzes Herz. PUNKT." (Charta der Jesus Freaks, 3. Vision und Werte).

Gottesdienst: Gott mag Musik!

Die Musik in traditionellen Gottesdiensten mag nicht jeder. Vor allem Jugendliche tun sich schwer damit. Viele der Texte und Melodien sind schon sehr alt – und wenn ein Lied als modern bezeichnet wird, dann stammt es meist aus der Zeit der Eltern oder sogar der Großeltern. Die traditionellen Lieder haben einen ganz eigenen Wert, aber Jugendliche können damit oft wenig anfangen.

In anderen Teilen der Welt ist das oft ganz anders. In afrikanischen Gottesdiensten geht es meist viel lebhafter zu, in Südamerika ebenfalls. In modernen Gemeinden in Nordamerika, aber auch in Deutschland, gibt es manchmal eigene Lobpreis-Bands, die mitreißende Musik für Gott machen.

Dass Gott Musik mag, steht schon in der Bibel. Es kann sogar sein, dass er es gerne besonders laut hat, in Psalm 150 steht zum Beispiel, dass man ihn mit Posaunen loben soll – und die sind ja nun nicht gerade leise!

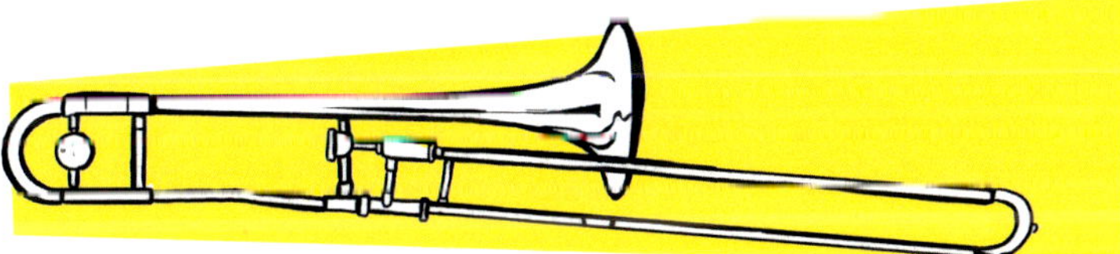

Der liebe Gott und die Wissenschaft

Die Meinung, dass Wissenschaftler nicht an Gott glauben, ist weit verbreitet. Entweder hat die Bibel recht oder die Wissenschaft, denken viele Menschen. Das stimmt bestimmt für manche Wissenschaftler – aber eben nicht für alle.

Der Astrophysiker Heino Falcke hat zusammen mit Jörg Römer ein Buch geschrieben. Er beschreibt darin, dass er gerade als Naturwissenschaftler an Gott glauben könne. In den wichtigen Fragen der Menschheit sei die Wissenschaft nämlich nicht weitergekommen. Woher wir kommen oder wohin wir gehen, könne die Wissenschaft nicht sagen. Man habe heute zwar sehr viel Wissen angehäuft, aber man wisse auch, dass man vieles nicht wissen könne.

Wenn uns die Wissenschaften gezeigt haben, wie klein wir Menschen sind, dann sagt uns Gott, wie wertvoll wir sind, schreibt der Wissenschaftler sinngemäß.

God‘s Billboards

Billboards nennt man die riesigen Werbetafeln in Städten oder entlang von Straßen. In Deutschland sind diese Schilder so nicht erlaubt. In den USA und anderen Ländern gehören sie zum normalen Straßenbild. Eine Werbeagentur aus Florida startete eine große Billboard-Werbekampagne für Gott. Ein anonymer Spender finanzierte das Ganze und so konnte man auf vielen Werbetafeln Sprüche lesen, auf denen sich angeblich Gott an die Menschen wendete. Hier eine kleine Auswahl:

Die Dreieinigkeit

Auf den ersten Blick wirkt das Thema „Dreieinigkeit" ganz schön kompliziert. Es gibt ein Gebot, dass es nur einen Gott geben soll, neben dem man keine anderen Götter haben darf. Und dann gibt es ausgerechnet diesen Gott dreimal?

Da gibt es Gott als den Vater – soweit ist das ganz klar!

Dann Jesus, seinen Sohn, der als Mensch gelebt hat – aber auch irgendwie Gott ist.

Und der Heilige Geist? Quasi noch mal jemand, der dann ebenfalls wieder Gott ist.

Manchmal ist das aber auch ganz praktisch. Man kann sich aussuchen, welche „Art" von Gott man gerade braucht: Der eine ist der mächtige und liebevolle Vater, der andere sein Sohn, der das Leben – und auch das Leiden – auf der Erde aus eigener Erfahrung bestens kennt, und dann gibt es noch den Heiligen Geist, den Jesus „Tröster" genannt hat und der immer bei den Menschen ist.

Kompliziert – aber auch genial!

Trägt Gott eigentlich Handschuhe?

Komische Frage! Aber ganz interessant wäre es schon, für welche Handschuhe Gott sich entscheiden würde.

Manchmal wären sicher Arbeitshandschuhe passend – man denke nur an die Schöpfung, bei welcher Gott die ganze Welt erschaffen hat!

Gott liebt alle Menschen. Daher würden auch Samthandschuhe gut zu ihm passen!

Welche Handschuhe hätte Gott wohl seinem Sohn Jesus ausgesucht? Dieser hat viele Menschen geheilt und sich auch vor ansteckenden Krankheiten nicht gescheut. Aus diesem Grund wären vielleicht medizinische Einmalhandschuhe die richtige Wahl.

Manchmal braucht Gott aber auch Boxhandschuhe! Er ist ja nicht nur der liebe Gott, sondern auch der Herr der Welt.

Fakt oder Fake News?

Wenn ein Richter keine Beweise hat, befragt er Zeugen, die dabei waren und bezeugen können, wie etwas abgelaufen ist.

Immer wieder gibt es Leute, die bezweifeln, dass Jesus überhaupt gelebt hat. Dabei nennt allein die Bibel mehr als 500 Zeugen.

Bestimmt gibt es auch Richter, die nicht an die Bibel glauben. Aber auch außerhalb der Bibel gibt es zahlreiche antike Schriften, die von Jesus und seinen Anhängern berichten. Geschrieben haben diese Texte nicht nur Christen, sondern auch Gegner von Jesus. Das beweist noch mehr, dass Jesus tatsächlich gelebt hat. Auf einem Stein hat man sogar eine uralte Karikatur von Jesus gefunden. Darauf ist Jesus am Kreuz dargestellt und seine Anhänger werden verspottet.

Fakt ist: Es gibt wohl keine Person aus dieser Zeit, über die es mehr Beweise gibt als Jesus Christus! Ein unabhängiger Richter würde das bestimmt genauso sehen!

Mathe und Religion: Die Wette von Pascal

Mathematik und Religion haben auf den ersten Blick wenig gemeinsam. Umso erstaunlicher ist es, dass ein berühmter Mathematiker bewiesen hat, dass es vernünftiger ist, an Gott zu glauben, als dies nicht zu tun.

Blaise Pascal, so hieß der Mathematiker, war der Meinung:

Wenn man an Gott glaubt, und es gibt ihn, hat man Glück!

Wenn man an Gott glaubt, und es gibt ihn nicht, ist es egal.

Wenn man nicht an Gott glaubt, und es gibt ihn nicht, ist es auch egal.

Wenn man nicht an Gott glaubt, und es gibt ihn doch, dann hat man Pech!

Glaubt man an Gott, hat man Glück oder es ist egal!

Glaubt man nicht an Gott, hat man Pech oder es ist egal!

Deswegen – so Pascal – sei es für den Menschen vernünftiger, an Gott zu glauben!

Die Weltreligionen

Es gibt fünf Religionen, die man als sogenannte „Weltreligionen“ bezeichnet. Das macht man hauptsächlich deshalb, weil diese fünf Religionen entweder besonders viele Anhänger haben oder weil sie in größeren Teilen der Welt verbreitet sind.

Hier findet sich eine kleine Liste dieser Weltreligionen mit der ungefähren Anzahl ihrer Gläubigen:

Christentum:	2 300 000 000
Islam:	1 900 000 000
Hinduismus:	1 250 000 000
Buddhismus:	460 000 000
Judentum:	15 000 000

Die mit Abstand kleinste Weltreligion ist das Judentum. Ihre Angehörigen sind aber weit verbreitet. Daher wird diese Religionsgemeinschaft trotz ihrer relativ wenigen Angehörigen zu den Weltreligionen gezählt!

Der Hinduismus: Die älteste Weltreligion

Die älteste Weltreligion ist der Hinduismus. Diese Religion ist vor allem in Indien verbreitet. Ihr Name kommt vom Fluss Indus, weil früher Einwanderer alle Menschen Hindus genannt haben, die an diesem Fluss lebten.

Die Hindus glauben nicht an einen Gott, sondern an zahlreiche Götter! Die meisten verehren aber nur ein paar von ihnen.

Hindus haben auch keine heilige Schrift wie die Bibel oder den Koran. Sie haben aber die Veden. So nennt man eine Sammlung von Liedern, Gedichten und Geschichten, die schon zwischen 1500 und 500 v. Chr. aufgeschrieben wurde.

Gläubige Hindus werden nach ihrem Tod nicht beerdigt, sondern verbrannt. Das macht man meistens in der Nähe eines heiligen Flusses, in dem die Angehörigen nach der Trauerfeier ein Bad nehmen. Nach ein paar Tagen wird dann auch die Asche des Verstorbenen in diesem Fluss verstreut.

Der Koran: Ein heiliges Buch

Das Alte Testament der Bibel wurde auf Hebräisch geschrieben. Der Urtext des Neuen Testaments ist in Griechisch. Es gibt heute aber allein ins Deutsche eine ganze Sammlung verschiedener Übersetzungen, sodass jeder eine passende Bibel für sich finden kann.

Bei den Muslimen ist das anders. Viele Anhänger des Islams lernen die arabische Sprache, um den Koran in seiner Originalsprache lesen zu können. Bei Übersetzungen schleichen sich nämlich immer kleine Fehler ein und sie möchten den Koran genau so verstehen, wie er verfasst wurde.
Der arabische Ursprungstext gilt für viele als unverfälschtes göttliches Wort und das möchten sie genau so nachlesen.

Viele lernen die arabische Sprache und weitere Dinge über ihre Religion in einer sogenannten Koranschule.

Die Tora: Ein echter Schatz

An den meisten Schulen sind die Bibeln in einem schlechten Zustand: Seiten fehlen, es gibt Tintenflecken, irgendwelche doofen Sprüche wurden reingekritzelt und so weiter.

Im Judentum ist das ganz anders: Die heilige Schrift der Juden nennt man Tora. Es ist eine Schriftrolle und für Juden ist sie so heilig, dass sie nicht einmal mit der Hand angefasst werden darf – deshalb gibt es extra einen winzigen Stock mit einer kleinen Hand, den Jad. Mit diesem kann man beim Lesen an den Zeilen entlangfahren.

Neue Torarollen müssen von Hand abgeschrieben werden – und wenn auch nur ein einziger Fehler passiert, muss man von vorne beginnen. Kaputte Torarollen werden nicht einfach weggeworfen. Sie werden in einem speziellen Schrank aufbewahrt oder sogar beerdigt.

Monotheismus: Ein-Gott-Glaube

Es gibt Leute, die glauben nicht daran, dass es irgendeinen Gott gibt.
Diese Ansicht nennt man Atheismus.

Andere Menschen glauben dagegen an ganz viele verschiedene Götter –
so wie die Angehörigen des Hinduismus.

Andere haben zwar eine Religion, aber keinen richtigen Gott – so wie im Buddhismus.

Und dann gibt es Menschen, die glauben daran, dass es nur einen Gott gibt.
Das nennt man Monotheismus.

Bei den Christen verweist schon das erste der 10 Gebote darauf, dass man neben Gott keine anderen Götter verehren soll.

Christen sind also Monotheisten. Sie glauben, dass es nur einen Gott gibt.
Auch Muslime und Juden glauben nur an einen Gott. Auch sie sind Monotheisten.

Der Schrein des Buches: Ein ganzes Haus für ein Buch

In Jerusalem steht der sogenannte „Schrein des Buches“.

Es ist ein sehr ungewöhnliches Haus, das hauptsächlich wegen eines einzigen Buches gebaut wurde. In diesem „Schrein des Buches“ dreht sich ganz langsam eine Art riesige Tonne. Auf dieser Tonne ist, unter dickem Glas natürlich, eine mehr als sieben Meter lange Schriftrolle aufgespannt. Auf diese Schriftrolle hat jemand vor mehr als 2000 Jahren von Hand das komplette Buch Jesaja aus der Bibel aufgeschrieben.

Diese Schriftrolle ist so wertvoll, dass sogar in diesem gesicherten Museum nur eine Nachbildung ausgestellt ist. Die echte Schriftrolle befindet sich in einem Tresor unter dem Museum.

Kippa: Was ist das?

„Kippa" ist hebräisch und damit ist die kleine Mütze gemeint, die von manchen jüdischen Männern auf dem Hinterkopf getragen wird.

Bei Juden ist es Vorschrift, dass die Männer so eine Kippa tragen, wenn sie auf einem jüdischen Friedhof sind oder in eine jüdische Kirche, eine Synagoge, gehen. Außerdem muss sie beim Beten und beim Lesen religiöser Texte getragen werden. Eine Kippa sitzt ein bisschen höher als der Kopf. Damit soll man daran erinnert werden, dass es über den Menschen noch jemanden gibt, nämlich Gott.

Besonders strenggläubige Juden nennt man orthodoxe Juden. Diese tragen die Kippa nicht nur zu bestimmten Gelegenheiten, sondern auch im Alltag.

Religionen der Welt

Es ist schwierig zu erklären, was „Religion“ eigentlich ist. So schwierig, dass sich Wissenschaftler bisher nicht auf eine einheitliche Definition einigen konnten.

Unter Religion verstehen viele Menschen unterschiedliche Dinge, das macht es schwierig, diesen Begriff so zu erklären, dass sich alle Religionsgemeinschaften darin wiederfinden.

Das Wort Religion kommt aus dem Lateinischen und bedeutet so viel wie „Sorgfalt/Gewissenhaftigkeit gegenüber dem Heiligen“, damit meint man wohl meist die Regeln und Gebote, die man beachten soll.

Bekannt sind vor allem die großen Weltreligionen. Insgesamt – so schätzt man – gibt es bis zu 10 000 verschiedene Religionen auf der Welt.

Ethik: Wie Religion, bloß ohne Gott

Gibt es eigentlich einen Unterschied zwischen Religion und Ethik?

Ja – den gibt es! Im Ethikunterricht wird über Gott geredet! Im Religionsunterricht auch. Im Religionsunterricht wird aber damit gerechnet, dass es diesen Gott aus der Bibel wirklich gibt. Manchmal wird sogar mit ihm geredet, also gebetet. Im Ethikunterricht geht es um das Zusammenleben der Menschen miteinander. In Religion geht es ebenfalls darum – aber eben auch um das Zusammenleben mit Gott! Religionsunterricht hat eine Dimension mehr, nämlich die Dimension nach oben.

Ganz vereinfacht ausdrücken kann man das mit Strichmännchen:
Für Ethik stehen zwei Strichmännchen – mit einem Pfeil dazwischen (die Menschen und ihre Beziehungen untereinander). Für Religion stehen die gleichen Strichmännchen, aber es kommt noch ein drittes Männchen dazu. Das dritte Männchen steht über beiden anderen und zwischen allen stehen Pfeile. Dieses dritte Männchen steht für Gott.

Staatsreligion im Römischen Reich

300 Jahre sind in der Geschichte der Menschheit nicht viel. Trotzdem kann sich innerhalb dieser Zeitspanne vieles ändern. So auch bei der christlichen Religion. Jesus lebte vermutlich ungefähr bis ins Jahr 30 n. Chr. Er ist aber nicht normal gestorben, sondern wurde als Verbrecher hingerichtet.

Ziemlich unglaublich, dass seine Anhänger damals nicht einfach auseinanderliefen. Stattdessen haben sie genau das Gegenteil getan. Sie haben überall furchtlos erzählt, dass dieser Jesus von den Toten wiederauferstanden ist.

Die ersten Christen hatten es nicht leicht. Sie wurden zum Teil brutal verfolgt, für ihren Glauben gefoltert und getötet. Dennoch wurden es innerhalb kurzer Zeit immer mehr.

Diese frühen Christen haben einen bleibenden Eindruck bei vielen Menschen hinterlassen.
Der Eindruck war so groß, dass schon 321 n. Chr. der römische Kaiser Konstantin das Christentum zur Staatsreligion im ganzen Römischen Reich machte!

Diwali: Wie Weihnachten und Silvester zusammen

Diwali ist eines der bedeutendsten Feste im Hinduismus, vergleichbar mit dem christlichen Weihnachten. Diwali bedeutet „Reihe der erleuchteten Lampen". Gefeiert wird der Sieg des Lichts über die Dunkelheit. Die genaue Bedeutung des Festes ist in einzelnen Regionen unterschiedlich. Lichter spielen aber in jedem Fall eine große Rolle.

Früher kamen hauptsächlich Öllampen zum Einsatz. Heute werden aber auch elektrische Lichterketten genutzt.

Abends und nachts erleuchten meist gigantische Feuerwerke den Himmel.

Buddhismus: Religion ohne Gott

Eine Religion, in der es gar keinen Gott gibt?

Eine Religion, in der zwar gebetet wird, aber nicht zu einem Gott?

Eine Religion, die an ein Paradies glaubt, aber nicht an Gott?

Auf den ersten Blick hört sich das vielleicht etwas seltsam an – aber so ist es, und zwar im Buddhismus! Buddhisten verehren Buddha, der als Erleuchteter gilt und über den auch meditiert wird, aber Buddha war kein Gott, sondern ein Mensch. Er fand seine Erlösung und wurde deshalb zum Lehrer.

In manchen Strömungen des Buddhismus gibt es zwar auch verschiedene Götter. Auch für den Umgang miteinander haben die Buddhisten ganz ähnliche Regeln wie zum Beispiel die Christen. Aber einen allmächtigen Gott gibt es im Buddhismus anders als im Christentum nicht.

Brennpunkt Jerusalem

Jerusalem hat nicht einmal eine Million Einwohner und trotzdem kennt man diese Stadt fast auf der ganzen Welt. Der Grund liegt darin, dass die Stadt für fast vier Milliarden Menschen ganz besonders ist. Diese vier Milliarden sind die Angehörigen des Christentums, des Islams und des Judentums. In allen drei Weltreligionen spielt Jerusalem eine wichtige Rolle:

Für die Juden ist sie der Ort des Tempels Gottes. Zwar steht von diesem Tempel nur noch ein Rest – die Klagemauer –, an der Bedeutung ändert das aber nichts.

Für die Christen ist Jerusalem vor allem die Stadt, in der Jesus verurteilt und gekreuzigt wurde. Hier wurde er begraben und hier ereignete sich das Wunder seiner Auferstehung von den Toten.

Im Islam schließlich ist Jerusalem die drittheiligste Stadt, weil Mohammed von hier aus eine Reise in den Himmel unternommen hat.

Die Klagemauer

Sieben Reihen dicker Steine! Diese sieben aufeinanderliegenden dicken Steinquader sind für Juden ein sehr wichtiger Ort in ihrer Religion. Diese Steine bilden die sogenannte Klagemauer.

Ursprünglich gehörte diese Mauer zum jüdischen Tempel in Jerusalem. Dieser Tempel wurde schon um das Jahr 70 n. Chr. von den Römern zerstört. Nur dieser kleine Rest der äußeren Mauer blieb stehen. Der obere Abschnitt dieser Mauer besteht aus einem jüngeren Teil. Aber die sieben Reihen aus dicken Quadern gehörten einst wirklich zum Tempel.

Der Tempel war für die Juden ein wichtiges Heiligtum und eine Verbindung zu Gott. Viele gläubige Juden kommen daher zur Klagemauer, um zu beten. Manche bringen Gebete auf Zetteln mit, die sie in die Ritzen zwischen den Steinen stecken.

Wer ist eigentlich Jude?

Im Islam gibt es kein Aufnahmeritual, man wird als Muslim geboren. Um seinen Glauben zu bekennen, spricht man das Glaubensbekenntnis und da Neugeborene noch nicht sprechen können, sprechen oder singen die Eltern ihm das Glaubensbekenntnis ins rechte Ohr. Christ wird man durch persönliche Einstellung, Mitglied einer christlichen Kirche wird man durch die Taufe. Auch im Hinduismus und im Buddhismus entscheidet allein die persönliche Überzeugung.

Ganz anders im Judentum. Hier entscheidet die Abstammung. Per Definition ist man Jude, wenn man eine jüdische Mutter hat. Nach der religiösen Überzeugung wird nicht geschaut. Ob der Vater auch Jude ist, ist dabei egal. Sogenannte „Vaterjuden", also Menschen, die einen jüdischen Vater und eine nicht-jüdische Mutter haben, gelten daher nicht als jüdisch.

Es können zwar auch Menschen zum Judentum übertreten, die eine andere Abstammung haben, aber das ist ziemlich schwierig.

Das Nirwana – und der Weg dahin

Buddhisten streben nach dem Nirwana, dem Paradies. Dort werden sie von ihrem Leiden erlöst. Unter Leiden verstehen sie jede Art der Unzufriedenheit. Buddha, der Begründer des Buddhismus, lehrte, dass die Menschen am meisten an ihrer eigenen Gier leiden. Sie wollen immer mehr haben, sie sind nie zufrieden.

Erst im Nirwana werden die Menschen von dieser Dauer-Unzufriedenheit erlöst. Christen sehen das ähnlich. Sie würden es allerdings wohl mit anderen Worten beschreiben.

Der Weg in dieses Nirwana ist für Buddhisten nicht leicht. Sie müssen dazu acht wichtige Regeln befolgen, den sogenannten achtfachen Pfad. Erst wenn man diese Regeln entsprechend befolgt – so Buddha –, gelingt es den Menschen, sich von ihrer eigenen Unzufriedenheit zu befreien und ins Nirwana zu gelangen.

Das Kastenwesen

In Indien ist der Hinduismus mit dem Kastenwesen stark verbreitet. Die Menschen sind in verschiedene Schichten eingeteilt, die Kasten. Man ist immer in der gleichen Kaste wie seine Eltern und man darf auch nur innerhalb seiner Kaste heiraten. Man kann die Kaste nicht wechseln.

Die Hindus glauben an die Wiedergeburt. Sie denken, dass alle Menschen nach ihrem Tod wiedergeboren werden. Haben sie in ihrem letzten Leben viel Gutes getan, werden sie in eine höhere Kaste geboren – und umgekehrt.

Der bekannteste Kämpfer gegen das Kastensystem war Mahatma Gandhi.

Offiziell ist das Kastenwesen in Indien seit 1949 abgeschafft, aber in vielen Bereichen bestimmt es immer noch das soziale Leben Indiens.

Gott in der Jugendsprache: OMG, Maschallah und Co.

Vermutlich kommt Gott öfter in der Sprache von Jugendlichen vor, als ihnen bewusst ist – in der gesprochenen Sprache, aber auch in Nachrichten, Kommentaren und Posts in den sozialen Netzwerken.

Natürlich sind die Buchstaben „OMG“ jedem bekannt – und man weiß auch, dass damit „Oh my God“ gemeint ist. Aber kaum jemand macht sich bewusst, dass damit eigentlich Gott angerufen wird.

„Maschallah“ bedeutet ungefähr „wie Gott wollte“ und „Inschallah“ kann man mit „so Gott will“ übersetzen. Muslime, arabische Christen und Juden benutzen diese Begriffe häufig. Ähnliches gilt für „Wallah“, was so viel wie „bei Gott …“ bedeutet. Und auch das deutsche „Gott sei Dank“ hört man immer noch.

Ja – Gott, oder zumindest die Rede von ihm, ist vielleicht öfter im Spiel, als uns allen bewusst ist.

Sekten

Es gibt viele verschiedene Religionen und Weltanschauungen. Neben den großen Weltreligionen mit Millionen von Anhängern gibt es auch viele kleinere Gemeinschaften. Außerdem gibt es auch Sekten. Meist erfüllen sie folgende Merkmale:

- Es gibt eine Führung, die nicht hinterfragt werden darf.
- Es gibt Regeln für viele Bereiche des Lebens.
- Die Mitglieder werden häufig streng überwacht.

Allerdings ist es nicht immer leicht, zwischen einer „normalen" Religionsgemeinschaft und einer Sekte zu unterscheiden.

Der Begriff Sekte hat mittlerweile eine eher negative Bedeutung. Daher ersetzt man ihn häufig durch einen neutralen Ausdruck, wie „Religiöse Sondergemeinschaft".

Verbieten kann man auch problematische Sekten nicht, weil sie von der im Grundgesetz verankerten Religionsfreiheit geschützt werden.

Die Israeliten: Heimat im Handgepäck

Im Jahre 70 n. Chr. zerstörten die Römer Jerusalem und den dortigen heiligen Tempel. 135 n. Chr. gab es noch einmal einen jüdischen Aufstand, doch auch dieser wurde von den Römern zerschlagen. Daraufhin flüchtete das Volk und verteilte sich auf der ganzen Welt.

Sie lernten dort neue Sprachen, neue Berufe und andere Lebensgewohnheiten kennen, obwohl viele Menschen sie nicht mochten. Teilweise wurden sie sogar verfolgt und getötet. Einen schrecklichen Höhepunkt fanden die Verfolgungen während des Zweiten Weltkriegs.

Die Israeliten haben während dieser langen Zeit ihre Herkunft nicht vergessen. Ihre Religion hat sie zusammengehalten. So hatten sie einen Teil ihrer Heimat immer dabei – quasi als Handgepäck. Nach fast 2000 Jahren – im Jahr 1948 – haben sie es dann tatsächlich geschafft, ihren eigenen Staat wieder zu gründen.

„Welchen Wolf fütterst du heute?"

Ein Mann sitzt am Feuer und sieht in die Glut, als sein Enkel fragt, an was er denke. „An mein Herz“, antwortet er. „Warum, was ist denn damit?“, fragt der Enkel besorgt.

„In meinem Herzen wohnen zwei Wölfe“, erklärt der Alte. „Einer ist hinterlistig und voller böser Gedanken. Er sucht nur den eigenen Vorteil, alles andere ist ihm egal.“

„Und der zweite Wolf?“, will sein Enkel wissen.

„Der zweite Wolf ist das Gegenteil. Er ist nett und kümmert sich um andere. Meine Ruhe habe ich nur selten, weil die beiden Wölfe ständig miteinander kämpfen.“

„Und welcher Wolf gewinnt?“, fragt der Enkel neugierig.

„Der, dem ich mehr zu fressen gebe!“, antwortet der Alte und schaut seinen Enkel lange an. Schließlich nickt der Junge: „Ich glaube, ich kenne sie auch, die beiden Wölfe …“

Henne – Ei – Osterei?

Eier haben schon lange eine symbolische Bedeutung. Schon im Alten Ägypten wurden Eier als der Ursprung des Lebens verehrt und auch im Alten Griechenland und im Alten Rom wurden zu bestimmten Anlässen bunte Eier aufgehängt.

Christen erinnern die bunten Eier an Ostern an die Auferstehung von Jesus Christus von den Toten. Anfangs wurden Ostereier rot gefärbt, um an das vergossene Blut von Jesus zu erinnern. Andere Farben kamen später hinzu.

Im Mittelalter hielten die Christen außerdem eine strenge Fastenzeit vor Ostern ein. Sie durften kein Fleisch essen, und auch keine Eier. Die Hennen legten aber fleißig weiter, sodass es am Ende der Fastenzeit, also pünktlich zu Ostern, besonders viele Eier gab. Um die älteren, gekochten Eier von den frischen zu unterscheiden, wurden sie eingefärbt.

Warum gibt es den Osterhasen?

Um den Osterhasen ranken sich viele Legenden.

Traditionell ist das Lamm das Symboltier an Ostern. Dieses Symbol stammt aus der Bibel – Jesus, das Lamm Gottes. An Ostern gab es früher oft Brot, das in Form eines Lammes gebacken wurde. Eine Legende besagt, dass irgendwann eines dieser Brote wie ein Hase ausgesehen haben soll. So sei die Geschichte vom Osterhasen entstanden.

Eine andere Theorie meint, dass der Hase ein Symbol der Fruchtbarkeit ist, da er im Frühling Nachwuchs bekommt. Er galt daher als Bote der germanischen Frühlings- und Fruchtbarkeitsgöttin Ostara. Von ihr leitet sich vielleicht auch der Begriff Ostern für die Auferstehung von Jesus Christus ab.

In anderen Ländern bringt übrigens nicht der Osterhase die Eier! In Tirol machen das die Hühner selbst und in der Schweiz ein Kuckuck.

Briefe ans Christkind

In einigen Ländern gibt es spezielle Postämter für Briefe ans Christkind, den Weihnachtsmann oder den Nikolaus. Für Kinder entsteht so der Eindruck, als könnten sie wirklich mit einer dieser Figuren in Kontakt treten. In den meisten Fällen werden die Briefe der Kinder auch beantwortet. Allerdings müssen die Kinder ihre Briefe recht früh abschicken, wenn sie rechtzeitig vor Weihnachten eine Antwort erhalten wollen.

Besonders beliebt sind Briefe an die Postämter, die in Orten mit besonderen Namen liegen, zum Beispiel in Engelskirchen oder auch in St. Nikolaus.

Auch für Erwachsene kann die Post aus einem solchen Weihnachtspostamt interessant sein. Es werden dort nämlich manchmal spezielle Briefmarken und Stempel verwendet, die sehr beliebt sind. Briefmarkensammler bezahlen für solche Sondermarken meist viel Geld.

Jesus als Politiker?

„WWJD?“ Diese vier Buchstaben waren eine Zeit lang sehr bekannt, vor allem unter christlichen Jugendlichen. Sie bedeuten: „What would Jesus do?“ – also: „Was würde Jesus tun?“ Viele gläubige Jugendliche trugen ein buntes Armband mit diesen vier Buchstaben. Es sollte eine Erinnerung daran sein, dass sie ihr Leben am Beispiel von Jesus ausrichten wollten. Auch heute noch tragen manche dieses Band.

Spannend ist sie auf jeden Fall, diese Frage: Was würde Jesus machen, wenn er heute leben würde? Bezogen auf das Privatleben ist diese Frage in den meisten Gelegenheiten gar nicht so schwer zu beantworten. Allerdings ist es natürlich nicht immer einfach, wirklich dem Beispiel von Jesus zu folgen!

Bei politischen und gesellschaftlichen Fragen sieht es aber anders aus: Was würde Jesus wohl zu den aktuellen politischen und gesellschaftlichen Themen sagen? Wäre Jesus ein guter Politiker?

Besondere Weihnachtsbäume

Normalerweise ist er grün und riecht nach Wald, geschmückt mit bunten Kugeln und Lichtern. Es geht um den Weihnachtsbaum, der in kaum einem Wohnzimmer an Heiligabend fehlen darf.

Es gibt aber auch ganz andere Weihnachtsbäume. Diese haben meistens eine ähnliche Form und werden oft ebenfalls mit Lichtern geschmückt. Trotzdem sind sie ganz anders. In Kolumbien steht beispielsweise ein Weihnachtsbaum aus aufgeschichteten Reifen, die grün angemalt wurden. Es gibt aber auch Exemplare aus alten Dosen oder Kleiderbügeln, aus Flaschen oder Büchern. Es kam sogar jemand auf die Idee, einen Weihnachtsbaum aus Gummihandschuhen zu basteln.

In einem Pariser Einkaufszentrum gibt es einen Weihnachtsbaum, der verkehrt herum an der Decke hängt.

Das Gebetshaus in Augsburg

Viele Menschen beten. Meistens sind die Gebete aber recht schnell vorbei. Und wirklich regelmäßig beten die meisten Leute heutzutage auch nicht mehr.

Johannes Hartl, ein Theologe, und seine Frau Jutta haben in Augsburg ein Projekt gestartet. Sie hatten schon länger die Vision, eine Art Gebetszentrum zu gründen. Einen Ort, an dem länger gebetet wird als sonst üblich. Es sollte ein Ort werden mit viel Musik und toller Atmosphäre. Das Zentrum sollte offen sein für Leute aus der katholischen und evangelischen Kirche, aber auch aus anderen christlichen Gemeinden.

2011 hat sich der Traum von Jutta und Johannes Hartl erfüllt. In Augsburg haben sie einen Gebetstreff organisiert, in dem rund um die Uhr gebetet wird, 24/7! Mittlerweile organisieren sie auch Meetings und Konferenzen, zu denen manchmal mehr als 10 000 Leute kommen.

Sogar die Tagesschau hat schon über das Gebetshaus in Augsburg berichtet!

Weihnachtsfrieden – mitten im Weltkrieg

Auf den Schlachtfeldern des Ersten Weltkriegs ging es brutal und grausam zu.

Umso erstaunlicher war, was sich am 24. Dezember 1914 an einem Abschnitt der Front ereignete. Dieser Heiligabend sollte sich ins Gedächtnis von allen einbrennen, die dabei waren.

Die deutschen Soldaten hatten spontan in ihren Schützengräben das Weihnachtslied „Stille Nacht" angestimmt. Kerzen und improvisierte Weihnachtsbäume erleuchteten die klare Nacht und die englischen Soldaten antworteten ihren Feinden, indem sie ebenfalls ein Weihnachtslied sangen. Die deutschen Soldaten erkannten die Melodie und stimmten mit ein, sodass auf beiden Seiten das gleiche Lied in unterschiedlicher Sprache erklang. Schließlich kletterten die Soldaten beider Länder aus ihren Schützengräben und gaben sich die Hand.

Auch den darauffolgenden ersten Weihnachtstag verbrachten die deutschen und englischen Soldaten miteinander, bevor der Waffenstillstand beendet werden musste.

#maldankesagen

Während des Corona-Lockdowns konnten viele Leute zu Hause bleiben und aus dem Homeoffice arbeiten. Manche Menschen mussten aber trotzdem zum Arbeiten gehen, weil sie Jobs hatten, die man nicht von zu Hause aus erledigen kann. Ob es sich dabei um die Krankenschwester oder den Verkäufer handelt, um den Altenpfleger oder die Polizistin. Durch ihre wichtige Arbeit waren all diese Menschen einer größeren Ansteckungsgefahr ausgesetzt!

Um sich bei all diesen Menschen zu bedanken, hat ein Ehepaar die Aktion #maldankesagen ins Leben gerufen. Unter anderem verschickten sie zahlreiche Postkarten an Krankenhäuser und Seniorenheime.

Postkarten mit Aufschriften wie:

RESPEKT – ihr seid trotzdem für uns da.
DANKE – Du bist ein/e Corona-AlltagsHELD/IN.
BE BLESSED

Umweltschutz im Schöpfungsbericht!

Die bekanntesten Bibelübersetzungen in deutscher Sprache sind die Lutherbibel und die Einheitsübersetzung.

Beide Übersetzungen überliefern fast ganz zu Beginn der Bibel eine besondere Aufforderung Gottes an die Menschen. Eine Aufforderung, die in Zeiten des Klimawandels und der Umweltzerstörung auf einmal überlebenswichtig zu werden scheint. Schon die allerersten Menschen bekamen nämlich zwei Aufträge: Sie sollten den Garten, in den Gott sie gestellt hatte, „bebauen und bewahren" (Lutherbibel) bzw. „bearbeiten und hüten" (Einheitsübersetzung).

Über viele Jahrhunderte und Jahrtausende war der zweite Teil des Auftrags scheinbar nicht so wichtig. In jüngerer Zeit aber wird immer mehr bewusst, dass wir diesen Auftrag Gottes wirklich ernst nehmen müssen, wenn unsere Erde weiterhin bewohnbar bleiben soll. Es ist doch interessant, dass diese Aufforderung schon in der Bibel steht.

Der erste Adventskranz der Welt

Er tritt regelmäßig vier Wochen vor Weihnachten in Erscheinung. Bis zum Heiligabend schmückt er viele Wohn- und Esszimmer. Die Rede ist vom Adventskranz. Seine vier Kerzen symbolisieren die vier Wochen vom ersten Advent bis Heiligabend.

Der erste Adventskranz hing im Rauhe Haus in Hamburg, einer Art Waisenhaus für Kinder armer Familien. Das war schon im Jahr 1839. Immer wieder fragten die Kinder den Leiter dieses Hauses, Johann Hinrich Wichern, wann denn endlich Heiligabend sei. Wichern nahm das Holzrad einer Kutsche und befestigte daran so viele Kerzen, wie es Tage bis Heiligabend waren. Jeden Tag wurde eine Kerze mehr angezündet. So konnten alle Kinder selbst sehen, wie lange es noch bis Weihnachten dauern würde.

Einen netten Nebeneffekt hatte dieser erste Adventskranz auch noch: Die Kinder lernten auf diese Weise das Zählen.

Witz: „... den Seinen gibt's der Herr im Schlaf"

Drei Pfarrer unterhalten sich. Alle drei beklagen sich darüber, dass man viel zu wenig Geld in diesem Beruf verdiene.

Der erste erzählt: „Wenn am Sonntag nach dem Gottesdienst alle die Kirche verlassen haben, zähle ich das Geld im Opferkasten – und zehn Prozent behalte ich für mich."

Der zweite Pfarrer antwortet entgeistert: „Das ist Betrug. So etwas würde ich nie machen. Man müsste dich dafür anzeigen!" Hilfesuchend schaut er den dritten Kollegen an. „Was sagst denn du dazu?"

„Habt ihr beide denn kein Gottvertrauen?", fragt dieser lächelnd. „Ich lege das Geld einfach nach dem Gottesdienst auf den Altar unter das Kreuz. Dann bete ich: ‚Herr, es ist alles deins, nimm dir einfach weg, so viel du brauchst.' Am nächsten Tag komme ich wieder und hole mir einfach den Rest. So, wie es in der Bibel steht."

„Wo steht sowas in der Bibel?", will der zweite entrüstet wissen.

„In Psalm 127 im 2. Vers. Dort heißt es doch: … den Seinen gibt's der Herr im Schlaf!"

Weltfrieden – eine Anleitung?

Im Jahr 2020 fanden auf der Welt 29 Kriege und bewaffnete Konflikte statt! Diese Zahl macht deutlich, wie dankbar die Menschen sein können, die in Frieden leben dürfen!

Dass auf der ganzen Welt einmal Frieden herrschen könnte, kann man sich kaum vorstellen. Der Weltfrieden scheint eine reine Wunschvorstellung zu sein. Dabei gibt es eine Anleitung dafür. Genau – eine Anleitung zum Weltfrieden! Diese Anleitung ist noch nicht einmal besonders ausführlich. Kompliziert zum Lesen ist sie auch nicht. Sich an diese Anleitung zu halten, das ist allerdings nicht ganz so einfach.

Wo sie steht, diese Anleitung? In der Bibel natürlich.

Gemeint ist nämlich die Bergpredigt von Jesus, wie sie zum Beispiel im Matthäusevangelium überliefert ist, in den Kapiteln 5–7. Manfred Hinrich, ein Autor, Philosoph und Lehrer, hat scherzhaft über diese Anleitung geschrieben, dass man sie verboten habe, weil sonst der Weltfrieden ausbrechen könnte.

Ist Kirche systemrelevant?

Systemrelevant bedeutet, dass etwas so wichtig für die ganze Gesellschaft ist – für das ganze „System“, in dem wir leben –, dass man darauf nicht verzichten kann.

Auch während des schärfsten Lockdowns wegen der Corona-Pandemie blieben systemrelevante Geschäfte geöffnet. Als solche gelten zum Beispiel Supermärkte oder Apotheken. Diese durften geöffnet bleiben, während zum Beispiel Fitnessstudios oder Bekleidungsgeschäfte schließen mussten.

Auch viele kirchliche Veranstaltungen mussten wegen der Pandemie ausfallen. Selbst der Besuch der Gottesdienste war nur mit großen Einschränkungen möglich. Daher kam die Frage auf, ob Kirchen denn nicht „systemrelevant“ seien. Wolfgang Huber, ein bekannter evangelischer Theologe, hat daraufhin gesagt, dass Kirche zwar nicht systemrelevant sei, dafür aber „existenzrelevant“!

Diese schöne Umschreibung zeigt, was für grundlegend wichtige Aufgaben die Kirchen haben.

Frieden?

Vor langer Zeit veranstaltete ein weiser König einen Malwettbewerb. Die Teilnehmer mussten ein Bild zum Thema „Frieden“ malen – und eine Begründung schreiben.

Bis zum Einsendeschluss erreichten den König unzählige Briefe mit wunderschönen Bildern. Als endlich das Siegerbild präsentiert wurde, waren viele enttäuscht: schroffe Felsen, ein tosender Wasserfall und schwarze Gewitterwolken.

Den verwunderten Zuschauern erklärte der König: „Überzeugt hat mich die Begründung dieses Bildes. Bei dem gewaltigen Wasserfall hat eine Vogelmama ihr Nest gebaut. Unbeirrt von den äußeren Bedrohungen sitzt sie dort friedlich und füttert ihre Jungen. Die Kunst des Friedens ist nicht, in einer friedlichen Welt zu leben. Sie besteht vielmehr darin, auch in gefährlicher Umgebung Frieden zu finden, zu bewahren und weiterzugeben!“

„True story, Bro!" – Coole Sprüche und mehr

Man findet sie in den sozialen Netzwerken, über Google und im ganzen Internet: coole, christliche Sprüche auf T-Shirts, Taschen oder Postern – auf Englisch oder Deutsch und zum Teil wirklich fantasievoll.

Das T-Shirt „True story, Bro!" mit Kreuz-Aufdruck spielt auf die Auferstehung von Jesus an, das Weinglas mit der Aufschrift „Jesus touched my water" bezieht sich auf das Wunder von Kana, als Jesus aus Wasser Wein gemacht hat.

Besonders lustig ist auch die Einkaufstasche mit Aufdruck:
„Shopping list – 5K people: 5 x bread, 2 x fish
(übersetzt: Einkaufsliste für 5 000 Menschen: 5 x Brot, 2 x Fisch).

Laut Bibel hat Jesus nämlich einmal 5 000 Leuten zu essen gegeben, obwohl er und seine Jünger nur fünf Brote und zwei Fische zur Verfügung hatten.

Kirche und Klimawandel

Durch den Klimawandel ist die Lebensgrundlage vieler Menschen bedroht, deshalb müssen die Menschen schnell handeln. Eine gute Möglichkeit sind Photovoltaik-Anlagen auf Dächern von Gebäuden. Diese produzieren umweltfreundlichen Strom. Je größer die Dachfläche, umso höher die Energieausbeute.

Bisher konnten die Dächer vieler großer Gebäude nicht für die Stromgewinnung genutzt werden. Handelt es sich nämlich um alte, wertvolle Gebäude, wie beispielsweise viele Kirchen, verbietet der Denkmalschutz solche Veränderungen.

Erst in jüngerer Zeit gibt es Bewegung auf diesem Gebiet, so dass hoffentlich bald auch auf Kirchendächern Photovoltaik-Anlagen installiert werden können.

Eine vier Millimeter große Bibel? Untergrund-Kirchen im australischen Outback?
Unglaublich, aber wahr! Erleben Sie Religion mal anders!

Bisher lief die Stunde so gut, doch plötzlich droht eine Flaute – Sie merken, wie die Motivation der Klasse schwindet und immer mehr Schüler*innen langsam abschweifen. Sie werfen einen Blick ins Schulbuch, doch irgendwie fehlt das gewisse Etwas, um den Schüler*innen das Thema wieder schmackhaft zu machen. Das kennen Sie sicher.
Doch ab jetzt können Sie ruhig und entspannt bleiben, denn Sie haben unsere spannenden, witzigen und skurrilen Funfacts in der Tasche! Mit diesen 111 Funfacts haben Sie wirklich für jede Situation die passende Story zur Hand, um Ihre Schüler*innen wieder abzuholen und für das aktuelle Thema zu begeistern.
Die 111 Funfacts bieten Ihnen aber noch viele weitere Einsatzmöglichkeiten: Vom spannenden Aufhänger als Stundeneinstieg über die witzige Auflockerung einer zähen Unterrichtseinheit bis hin zur kleinen Belohnung am Ende der Stunde ist alles dabei. Und auch privat glänzen Sie mit diesem Bonuswissen über Ihr Fachgebiet – als witziger Gesprächseinstieg oder spannende Anekdote.
Die Funfact-Karten sind ansprechend illustriert, decken lehrplanrelevante Themen der Klassen 5–10 ab und sind sofort einsetzbar. So überraschen Sie Ihre Schüler*innen mit spannendem Wissen und wecken ihr Interesse am Fach Religion ganz neu. Und wer weiß? Vielleicht sind ja auch Sie immer wieder aufs Neue überrascht!

Die Themen:
Mensch | Kirche | Welt der Bibel | Jesus und Gott | Weltreligionen | Welt und Weltverantwortung

Der Autor:
Dirk Schwarzenbolz – Realschullehrer für Deutsch und Evangelische Religion, Klassenlehrer, SMV- und Vertrauenslehrer, Autor und Herausgeber

Immer besser unterrichten

ISBN 978-3-403-**08789**-2

www.auer-verlag.de